みんなで考えよう！体罰のこと

神原文子
田村公江
中村哲也
編著

解放出版社

装丁◉森本良成

まえがき

本書は「体罰をみんなで考えるネットワーク」という団体の定例会（つどい）での講演をまとめたものです。この団体について、まず説明しておきましょう。

二〇一二年一二月二三日、大阪市立桜宮《さくらのみや》高校体育科二年生、バスケットボール部のキャプテンをしていた少年が、顧問からの度重なる暴力・暴言を受けて自らの命を断つという痛ましい事件がありました。この事件の衝撃はいまでも忘れることができません。運動部活動には厳しい練習がつきものであり、時には「体罰」も行われているということは、ある意味、よく知られていたことでした。しかし、自死に追い込まれるとは、いったいどういうことなのでしょう。

なぜ、そのようなことになってしまったのか。多くの人が、「体罰」という問題に真剣に向き合わなければならないと考えました。

そうしたなか、二〇一三年二月に設立されたのが「反体罰ＮＰＯ・研究者連絡会」です。住友剛さん（京都精華大学）と内田宏明さん（日本社会事業大学）が呼びかけ人となって、子どもの権利擁護にとりくむ研究者や市民活動団体などが参加しました。同連絡会は、体罰のない社会づくりにむけて、関東で一回、関西で二回、計三回の集会を開催しました。

その後、持続可能かつ発展的な活動を展開するために、関西在住のメンバーを中心に新しい団体を設立しようということになり、二〇一五年一月一一日に設立されたのが「体罰をみんなで考えるネットワーク」です。子どもへの体罰防止に関心を寄せる市民が社会的立場や専門分野などの垣根を越えて集《つど》う場にしたいという思いを込めて、団体の名称に「みんなで考える」という言葉を入れました。

一五年から五年間にわたって、年間三～四回の定例会（つどい）を開催しました。

講演者・シンポジストとして登壇したのは下記の人たちです。林茂樹（摂南大学）、山田優美子（自死遺族）、船越克真（元少年院教官）、島沢優子（スポーツジャーナリスト）、佐子完十郎（「かんちゃんの小さな家」主催者）、田村公江（龍谷大学、倫理学）、中村哲也（高知大学、スポーツ社会学）、九門りり子（子育て支援員）、住友剛（京都精華大学、教育学）、藤井誠二（ジャーナリスト）、神原文子（神戸学院大、社会学）、定本ゆきこ（京都少年鑑別所、精神科医）、芦田正博（スクールソーシャルワーカー）、橋本麻美（NPO法人えんぱわめんと堺）、岩井さくら・西崎萌（セーブ・ザ・チルドレン）、大谷美紀子（国連子どもの権利委員会委員／弁護士）。

残念なことに、新型コロナの流行のため、二〇二〇年以降は休眠状態になってしまいました。ようやく感染症法上の位置づけが五類に変更されたのが二〇二三年五月八日です。二〇二三年一〇月の臨時総会で、これまでの活動の総括として過去の定例会（つどい）の講演録をもとに書籍化するプロジェクトが提案されました。

二〇一二年一二月の桜宮高校事件から一〇年以上が経《た》っていますが、部活における「体罰」（体罰という名の暴力）は、根絶には程遠い状況です。二〇二四年四月には、高等学校の男子ハンドボール部で、ミスをした部員に対して、顧問らが、罰として頭を丸刈りにしたことが報道されました。その後の調査では、指導の際に「死ね」といった暴言や、尻を蹴ったり、頭を殴ったりする体罰をしていたこともわかったのです。

また、二〇二四年五月には、高校の期末試験でカンニングをしたことを厳しく指導され、その二日後に自ら命を断った男子生徒の遺族が学校側を訴えた裁判が始まったという報道がありました。事件が起こったのは二〇二一年です。男子生徒は教師数人から「カンニングは卑怯《ひきょう》者《もの》がすること」などと言わされ、自宅謹慎や八〇巻の写経を命じられたとのことです。カンニングはもちろん悪いことですが、「卑怯者」と決めつけるような指導が適切であったとは思えません。それでは人格攻撃になってしまいます。一方的に責めるのではなく、カンニングにいたった事情を聞き取り、カンニングしないためにはどうすればよいかを生徒と共に考えるべきだったのです。

学校や部活における体罰だけではありません。児童虐待防止法、児童福祉法に体罰禁止を盛り込む改正が二〇一九年六月一九日に成立し（施行は二〇二〇年四月一日から）、二〇二二年には、親権者による懲戒権の規定を削除する民法改正も行われましたが、「いくら言って聞かせてもダメなときは体罰もやむをえない」という考え方が根強く残っています。たたかない子育てについての啓発が遅れているといわざるをえません。

このような状況を鑑みると、二〇一五年から二〇一九年の講演を、いま、書籍にする価値は十分にあると考えました。幸い、解放出版社が引き受けてくださり、出版にこぎつけることができました。

本書には八本の講演録を収録しました。

第一部「学校における体罰」には、内海千春と重富秀由の講演を収めました。内海は自死遺族であり教員でもあった立場から、学校での体罰がいかに子どもを追いつめるかを語っています。重富は、子どもが部活での熱中症事故で後遺症を負ったことをもとに、保護者の立場から、子どもを守るにはどうするべきかを語っています。重富の話は体罰というテーマから少し離れているかもしれませんが、熱中症事故が発生してしまう部活のあり方には体罰問題と通じるところがあるので、本書に収録しました。

第二部「スポーツと体罰」には、島沢優子、中村哲也、田村公江の講演を収めました。島沢はスポーツジャーナリストとして、学校とスポーツ界の体罰防止の現状を語っています。中村は、そもそも、なぜ部活で体罰が行われるようになったのかを、高校・大学野球を中心に歴史的にたどっています。田村は一九四七年にできた学校教育法の第一一条で体罰が禁止されていることを取り上げ、なぜそれが空文化してきたのかを考察しています。

第三部「子育て中の体罰」には、神原文子、九門りり子、定本ゆきこの講演を収めました。神原は社会学者として、体罰容認意識がつくられる背景を、高校生調査をもとに考察しています。九門は子育て支援員として、体罰しがちな親にどのように働きかけたらよいかを語っています。定本は少年鑑別所の精神科医として、非行の背景について考察し、虐待や体罰の影響を指摘しています。

「体罰をみんなで考えるネットワーク」の定例会（つどい）では、講演を聞いたあと、四〜六人のグループに分かれて討論する時間をとることにしていました。グループごとに討論の成果を発表し、登壇者からコメントをもらうことによって、いろいろな人とつながることができたところに、定例会（つどい）の意義があったのだと思います。ですから、この本をお読みになって感じたこと、考えたことを、どうぞ身近な人と語り合ってください。「体罰をなくそう！」と一方的に叫ぶだけでは人の気持ちを変えることはできません。問題意識を共有し、気づきを促しあい、つながることによってこそ、体罰のない社会をつくることができるのではないでしょうか。それが私たち「体罰をみんなで考えるネットワーク」の願いです。

二〇二四年五月末日

体罰をみんなで考えるネットワーク世話人代表　田村公江

みんなで考えよう！　体罰のこと◉もくじ

第2部　スポーツと体罰

第3部　子育て中の体罰

第1部　学校における体罰

なぜ学校で体罰が起こるのか、どうすればなくせるのか
自死遺族であり教員でもあった立場から体罰を考える

内海千春

2017年7月31日
「自死遺族であり教員でもあった立場から体罰を考える」より

兵庫県たつの市からきた内海です。早期退職しましたが、三二年間、中学校の教員をしてきました。いまは百姓をしています。

それからもうひとつ、現在、「全国学校事故・事件を語る会」の代表世話人をしています。兵庫県の播磨《はりま》地方の学校事故で子どもを亡くした四家族が集まって、一九九五（平成七）年にできた「兵庫学校事故・事件遺族の会」を前身に、二〇〇三（平成一五）年に神戸で発足しました。学校事故・事件の当事者のピアサポートグループです。この会の目標は、学校事故・事件の被害者および遺族のエンパワメントです。全国から相談を受け付けていて、一回だけの連絡もあれば、継続的事案もありますが、あわせると現在は二〇〇件余りの被害者・遺族と連絡をとっています。そのうち三分の二くらいは、子どもの死亡事案です。

息子は教員の暴行で自殺した

実は私自身が学校事故・事件の遺族なのです。一九九四（平成六）年ですから、私が三五歳のときです。中学校の教員になって一二年目のことでした。

当時、小学校六年生の息子が、担任教員の暴行の直後に自殺しました。九月九日。暑い日でした。運動会の練習が始まっていました。あとからわかったのですが、先生は朝からイライラしていたようです。

運動会の練習が終わって、終会のときに、息子が「先生、宿題の運動会のポスターは、自由に描いていいの」と質問をしたら、先生が「何遍同じこと言わせるねん！」と言いながら息子を殴ったそうです。そのとき、息子は照れ笑いをしたそうです。混乱していたのかもしれません。先生はそれを見て、ばかにされたと思い、「けじめ、つけんかい！」と怒号を発し、再度殴りつけたそうです。直後、息子は学校を飛び出しました。

これもあとからわかったことですが、帰りの様子が普通と違っていました。ボウッと立ち止まっていたとか、友達を避けて一人で帰ったとか、いつもとは違う状態で家に帰り、その直後、自殺しました。そういう事件でした。

夕方、息子がまだ帰っていないと探し回って、夜八時ごろ、遊び場だった裏山で亡くなっている息子を見つけました。

当然、警察がきます。警察から最初に事情を聞かれたのは私たち（親）ではなく、担任教員でした。家にきた担任はその場に座り込んでしまい、放心状態で「きょう教室でたたいた。それで……」と話しました。そこで警察は、自殺の原因として、当日の暴行について担任から暴行罪の容疑者としての調書を取りました。

ところが、その後、教育長や教育委員会が関与してきて、話はどんどん違った方向に進みました。そして、学校や教委によって、息子の死は「学校の管理外の事故死」「原因・状況は不明」とされました。自殺であることさえ認めず、原因不明の事故死として処理されたのです。

これも、ずっとあとになってわかってきたことですが、こういうやり方が教育委員会によるこの種の事件に対する事態の鎮静化の手法だったのです。

どういうことでしょうか。警察の自殺統計では、いま自殺者が年間三万人と出ていますが、それは自殺かどうかの判別ができないとされた変死者の数を除いたものなのです。それらもすべてふくめると一〇万人を超えるそうです。ものすごい数です。遺書のない自殺は、自殺かどうかの判別ができないとされ、変死者とされるのです。学校や行政はそれをうまく利用しました。自殺かどうかわからなければ、その原因について調べることはできません。

息子の事件のような場合は、状況から考えると自殺であることは間違いありません。警察も自殺として扱っています。事件に対する学校・教委の「自殺かどうかわからない。それゆえ原因について調べることはできない」という理屈はおかしいと思うのですが、一般の保護者を納得させるには、十分な理由になります。

息子の死は自殺であることさえ認められず、管理外の事故死とされました。そして、事実が明らかにされないまま、息子の死は、担任の暴行とはまったく関係ない、個人の問題、家庭の問題にすり替えられていきました。

一九九六（平成八）年に提訴して、二〇〇〇（平成一二）年に市の賠償責任を認める判決が出ました。このような判決が得られたのはほんとうに運がよくて、いい弁護士、いい検事、いい裁判官に巡り会えたおかげだと思っています。判決は、担任がやったことは体罰とさえも言えない単なる暴行であり、息子の自殺は担任の暴行によって引き起こされたものだというものでした。

一審で判決は確定したのですが、市は賠償金を払っただけでした。市は議会で「管理外の事故死」「原因・状況は不明」という見解は変える必要がないと答弁しました。

その後もやりとりを重ねて、二〇一三（平成二五）年に、やっと市に自死と担任の暴行についての因果関係を公式に認めさせることができて、文科省にも事案の終息を報告しました。

教育行政のあり方を問いながら教員の立場で考えてきたこと

子どもに死なれたことは、ほんとうにつらかったです。事件後、息子の事件に対して学校や行政がどういう方向で向き合おうとしているのか、問うてきました。学校や行政が息子の事件に向き合う姿勢は、息子に死なれたことと同じくらい私を打ちのめしました。私は、息子の事件に対してまったく無力である学校や教員というものに限界を感じました。事件直後、私は教員を辞めようと思いました。でも、辞めたら「つぶされる」と思いました。そして、学校や行政とこの事件に関して向き合う手段として教員を続けました。二〇一三（平成二五）年に市が事件に対する見解を改め、事件に一定のけりがついたので、もういいだろうと思い、翌年、早期退職しました。

そんな思いで教員を続けていたのですが、教員として仕事をしているなかで、気がつくと自分やまわりの教員が体罰をしそうになることがありました。これはおかしい、黙認することはできない、そのなかでどういうふうにやっていったらいいのだろうと、体罰について自分なりに考える時期がありました。

戦後、報道された体罰事件は九〇件以上あります。それは多いでしょうか？　表に出た体罰事件が九〇件以上で、表に出されずにつぶされている事件はたくさんあると思います。

日本では、学校教育法で「校長及び教員は、教育上必要があると認めるときは、……児童、生徒及び学生に懲戒を加えることができる」（第一一条）とされています。ただし、懲戒のうち肉体的苦痛を伴う体罰は禁止されています。

他方、アメリカやイギリスなどの国では、体罰が認められていた歴史があります。イギリスでは、子どもがもっている悪の部分を矯正するために、親もしくは教師がたたいてしつけるということが、伝統的な考え方としてあったようです。しかし、感情に任せたり、その性格や程度が過度のものであったり、危険な道具を使用すると違法とされ、もしもけがをさせると、それを行った者は法的責任を問われると定められてきました。

アメリカでも、伝統的に教師による体罰が容認されてきた州があります。その代わりに、体罰を行う条件や制度を厳しく規定しています。

ただ、イギリスやアメリカもふくめて、世界的情勢としては、学校教育だけでなく家庭内でも、体罰を全面禁止とするのが主流になってきています。

日本でいろんな体罰事件が問題になっています。学校や行政は、すべての暴力行為を「体罰」と表現していますが、その実態は、懲戒の一手法としての体罰ではなく、体罰とさえ言えないような、感情に任せた単なる暴行である可能性はないでしょうか。日本では、学校・行政によって事件がうやむやにされるため、体罰の実態が明らかになっていません。桜宮《さくらのみや》高校の体罰自殺事件（二〇一二年）でも、発生の一年ほど前に大阪市の窓口にバスケットボール部顧問の指導について公益通報がなされていましたが、対応されることなく、事件の発生を防止できませんでした。

もうひとつ問題なのは、体罰に関する感覚のずれです。「あるわ、それぐらいのこと」という感覚。その感覚のずれが、問題を温存する原因なのではないでしょうか。

体罰の是非論があります。許されない体罰と、許される体罰があるのではないかとか、いまだにそういう議論があります。事件の報道を受け取る側も体罰容認に傾きがちです。日本が体罰を禁止にしてから長い時間が経《た》つのに、なぜまだそんな感覚が出てくるのでしょうか。

体罰の危険性については、これまでにも、肉体的苦痛、心的被害、反社会的行動の助長など、いろいろなことが言われていますが、私がいちばん思うのは、深刻な心的被害です。この点に対する理解が日本は非常にあまいと思います。心的被害は体罰だけでなく、暴言や妥当性を欠く指導によっても起こります。最悪の場合、自殺の要因にもなります。この問題への理解と対応が日本はすごく後れていると思います。

「児童虐待防止法」では、子どもが受ける直接的な暴力被害だけでなく、家庭内で父親が母親に暴力をふるうことも、子どもに対する心的被害（心理的虐待）としています。家庭内で暴力が起こるという状況そのものにより心的被害を受けるわけです。しかし、教育現場では、なかなかそこまでの理解にいたっていません。

学校事件・事故で、命はとりとめたけれども身体に障害が残ったという人もいます。それまでできていたことができなくなります。そこで新しい自分づくりをしなくてはいけないのですが、そんなに簡単なことではありません。頸椎《けいつい》を損傷して首から下は動かないとか、しゃべることしかできない状態になって、これから楽しく生きていきましょうというふうに、なかなか気持ちを切り替えることができません。心的被害はそういうところにもかかわってくると思います。ところが、事件後の苦しみや葛藤はなかなかわかってもらえず、各自が解決する課題とされていきます。その過程で被害者はますます傷ついていきます。

体罰（暴行）の被害者にも同じようなことがいえます。体罰による一次的な被害だけでなく、その事件に対処する学校や周囲の動きによって深刻な二次的な被害を受け、追いつめられることがあります。非常に怖いと思います。

体罰は生徒と教師の関係性のありようを映し出す

体罰の問題では、殴ったとか蹴ったとか、行った行為がだめだとされるのですが、問題は行為だけではなく、教師と生徒がどういう関係性にあるのかということが問題で、その関係性のなかで、いろんな事件が起こっているのではないかと思います。体罰というのは、その両者の関係性を表すひとつのエピソードととらえるとよいのではないでしょうか。つまり、殴る、蹴るという行為に象徴される、教師と児童・生徒の関係性のなかでいろんな問題が発生しているのではないかと思うのです。

では、なぜ体罰が発生するのでしょうか。実は、教師として教育現場にいると、体罰は絶対にいけないと思いながら、あるとき、やりそうになってしまう瞬間があるのです。これはなぜなのでしょうか。

日本の学校教育の実態は、従わせる教育がそのベースにあります。「生徒は教師の言うことを聞け」ということです。そして教師は、生徒の教師に対する反抗（不服従）をすごく嫌うのです。

服装指導なんかそうですね。いまだに覚えているエピソードですが、勤務先の隣の中学校では、靴は白でないといけないという決まりがありました。あるとき、生徒の履いてきた靴にストライプが入っていたというので、ある教師がすごく怒って、「そんなやつは学校に入れない」と、徹底的に指導したそうです。のちに、その教師がうちの学校に赴任してきましたが、うちの学校には靴は白でないといけないという決まりはないので、その先生は何も言いません。つまり、問題は「白い靴を履いてくることが正しいかどうか」ではなく、どんな内容であれ「決まり（教師が指示したこと）を守れ」ということなのです。

近隣の学校では、どの学校も制服で、みんな同じような白いシャツを着ているのですが、どんな着方をしているかで、その生徒がどんな生徒か予想がつきます。パッと見たときに、首のボタンを開けている子とか、きちんとしている子とかで、その子どもが教師の指示に対して従順かどうかわかってしまうのです。

ある学校で、制服の自由化をしたときに、教師が困ってしまったそうです。子どもがどんな子どもかわからなくなったのです。制服を着ていたらすぐにわかるのに、制服をなくしてしまったため、わからなくなったという笑い話です。

従わせる教育では、状況に応じてだんだんと指示が強くなります。いわゆる強い強制力をもつ指示になります。いちばん簡単なのは暴言、暴力です。いま、体罰はだめだというので、その代わりに新しい強制力として出てきているのが、特別指導です。訳のわからない理由で呼び出して、ネチネチと反省文を書かせるとか、別室指導とか、ペナルティーとして部活をさせないとか、内申書に載せるとか。これらは体罰ではありませんが、同じように心的被害をもたらすものです。

体罰が必要悪として容認される学校

私もほんとうのところはよくわかりませんが、江戸時代の日本では、子どもに対して上からガッと言うことをきかせることはなかったそうです。もちろん、悪いことをしたときには叱るのですが、丁寧に言い聞かせるように、何度も話して、子どもは非常に大切な扱いを受けていたという話がいろんな記録のなかに残っています。

明治になって「教育令」（一八七九年）が生まれましたが、そこでも体罰の禁止を明文化していました。これは世界的にも非常に早い対応だったようです。国家至上主義の考え方のなかで、東京師範学校をつくったときに兵式体操（気をつけ、前にならえ）を導入したり、第一次世界大戦以降に将校や下士官が余ったので、学校に配置されて教練が始まったりしましたが、そこで体罰がされていたかというと、そうでもなかったようです。

ところが、日中戦争に入って人員が足りなくなるなかで、軍隊内の秩序が崩壊し、現場でたたき上げてきた軍人が学校にきて教練を実践するようになります。そこで軍隊教育の絶対服従の考えが入っていったということはありうると思います。軍隊教育でもっとも求められることは、上からの指示に絶対服従することです。軍隊教育では、上からの指示に対して、児童、生徒、学生がどう考えるかは必要のないことなのです。

昭和四〇年代（一九六五年〜一九七四年）には少年非行の問題、それから学生運動もありました。私はこのころ小学生でしたが、こわもての先生とかには、私もたたかれていました。当時、学校で体罰は普通にありました。

校内暴力で学校が荒れたのは、昭和五〇年代（一九七五年〜一九八四年）です。このころ生徒指導の強化がなされます。生徒指導の担当として、こわもての先生、生徒を力で押さえつけられる先生を荒れる学校に配置していったのがこの時代です。いろんな問題が発生して、体罰に関する裁判がこのころたくさん起きました。

昭和から平成（一九八九年〜）に入ってからは、校内暴力は鎮静化してきましたが、新たに学級崩壊やいじめなど、別のかたちの問題が出てきています。

では、なぜいまなお体罰がなくならないのでしょうか。やはり、いまだに根強い体罰容認の風潮があるからだと思います。教師がそれを必要悪として容認しているからです。

少し古いですが、二〇〇〇（平成一二）年、息子の判決のときに、同僚の先生がアンケートを採りました。兵庫県揖龍《いりゅう》地区の教員約八〇人に「体罰によらない生徒指導は可能か」と質問したところ、「不可能」が二割強ありました。教員の五人に一人はそう考えているということになります。アンケートでその数字ということは、学校の先生の回答は建前が入っていますから、実際には「不可能」と考えている教師はもっといると思います。「体罰はだめだと言っても強制力がいるから必要じゃないか」と、一種の必要悪だと思っているのだと思います。

このころ、私は学年主任をしていました。職員室で、年恰好《としかっこう》の近い女性の先生が二人で、「昔はよかったな。もっとバシバシできて。いまは親がうるさいからできなくなってきた」、そんな話をしているのです。聞いているあいだにムカムカしてきて、「思うのは勝手だけれど、それを職員室で話すということがどういうことかわかりますか」と問いました。その教師たちには、その発言が同僚に反発をもたれるという意識がないのです。まわりにいる先生のなかにそれを聞いて不快に思う人が多いと思うなら話せないはずです。現に違和感をもつ教師は少ないのです。校長でもそんな感覚でいました。それが、私のいた当時の学校の認識です。

体罰が起こる関係性のもとでは、教員が子どもを自分の所有物のように考えていることがあります。一方、生徒のなかには、「悪いことをしたので、たたかれるのは仕方がないのではないか」と、体罰に対して消極的に肯定する生徒がいます。それから、運動部などでは、「自分も体罰をされてきた。でも、その不条理な体罰に耐えたから、いまの私があるのだ」と、積極的な肯定論をもつ生徒さえ出てきます。

日本人は割合、虐げられることにグッと耐え抜くことが好きなのですね。『巨人の星』もそうです。虐げられることに対して、おかしいじゃないかというほうにいけばいいのですが、そうではなくて、耐えてしまいます。変な話ですが、部活動で体罰を受けた生徒が自殺をすると、「自分たちは耐えていたのに、自殺したやつのせいで社会問題になって、推薦入試が受けられない」と、今度は死んだ人間が悪者にされるのです。実際に学校事故・事件の現場でそんなことがたくさん起こっています。

それから保護者のなかには、「教育熱心＝厳しい指導＝体罰」という考え方をもっている人もいます。「たたいてもいいので、強くしてください」と教師に求めたり、体罰を受けても、教育熱心な先生だからと容認する考えをもつ人もいます。ほんとうは「厳しい指導」というのは、要求するレベルが高いということで、体罰が行われることとはまったく関係のないもののはずです。

しかし、日本では、厳しい指導を行うには、手段として体罰が必要と思われています。その背景には、指導というのは指示に従わせることだと考えられていることがあるのではないでしょうか。

生徒指導の局面で、ほんとうに体罰は有効なのか？

学級崩壊やいじめがあると、厳しい指導が必要、体罰も必要と言われることもありますが、これは完全な誤りです。幸いにも、現職の教員は、さすがにこういうことは言いません。なぜかというと、ほんとうに学校運営が厳しい状況で体罰があったら、学校が壊れるからです。

学校が荒れた時期に、その学年の担任をしていたことがあります。スクールカウンセリングがはじめて導入されたときに、受け持ちの生徒が「あそこに行ったら何をしてもいい。たばこを吸ってもいいんだ」みたいなことを言って、終会のときに抜けて相談室に行くようになり、ちょっと問題だなと感じていました。

あるとき、「あれ？　おかしいな」と思って見ていたら、その生徒が他の生徒と一緒に相談室のなかに立てこもり、教師たちは「危ないから近づくな」と周囲を固めて、まるで暴徒と機動隊がにらみ合っているような状況になっていました。何が起こっているのかと相談室のドアの前まで行って、「どうしたんだ」と声をかけたら、カウンセラーは出払っており、生徒たちは相談室のなかで暴れ回っています。

事情を聞くと、生徒のグループ内のルールで「たばこはいいけど、シンナーをしたらあかん」というのがあって、グループの一人がシンナーをやった。約束を破ったから許せないと、グループのメンバーがシンナーを吸ったという生徒を殴ったそうです。それを見た教師が「やめんかい」と止めに入ったのですが、その教師は、仲間から殴られていた生徒を喫煙で指導した際、殴ったことがありました。殴ることを止められた生徒は、止めた教師にむかって「おまえもしたじゃないか。なんでおまえがしていいことを、わしがしてはいけないのか」と詰め寄り、今度は教師に矛先が向き、興奮した生徒たちと教師とのあいだで険悪な状況になっていました。状況は緊迫し、ひとつ対応を間違えると収拾のつかない状況になる恐れもありました。双方の話を聞いて、何とかその場を収めたのですが、過去、教師が体罰を行っていたことがネックになり、関係した生徒たちに十分な指導を行うことはできませんでした。その結果、この事件はその後の生徒指導に長いあいだ、悪い影響を与えたように思います。厳しい状況では、体罰は教師たちにとっても害こそあれ、よいことは何もないということを、身をもって経験しました。

学校事故・事件への事後対応のあり方を考える

もうひとつのいちばん大きな課題は、学校事故・事件があったときに、学校や教育委員会はどういう方針で対応するのか、ということです。学校で死傷者が出るような事故・事件を見ると、学校は教育活動の正常化や事態の鎮静化をまず考えます。「教育活動の正常化」というのは、その事件や事故が起こる前と同じ状態に戻そうとすることです。「事態の鎮静化」とは周囲を動揺させない、騒がせないことです。だから報道には絶対に出しません。そして、被害者や遺族が口をつぐむことが学校や教育委員会には望ましいことなのです。それが成功すると、学校や教育委員会の基本的対応は終わります。

ケースによっては、つまりそれで終わらないときには、その次に事実解明と再発防止策を検討しなければならなくなります。鎮静化するためには事実解明は必要ないのです。逆に、事実解明を行うと鎮静化はむずかしくなります。

これをふまえて、これまでのいろんな事件の経過を見てください。よくあてはまると思います。

事後対応を、学校側の視点で見てみましょう。

鎮静化がうまくいかなければ事実解明の検討となりますが、そうなると遺族との関係はむずかしくなります。遺族が事実解明の段階で納得しなかったら、遺族との関係を維持することができなくなります。訴訟にいたるケースの多くは、このときの学校の対応が原因になることが多いのです。大きな問題になった事案というのは、遺族対応に失敗した事案なのです。事実解明にとりくむことは、行政のなかでは評価されません。文部科学省もこれを黙認しています。いまの第三者委員会も新しい鎮静化の手法としても使えます。事実解明をし、原因を明らかにしなければ、再発防止はできません。にもかかわらず、第三者委員会で自殺の原因は不明だという調査結果を出す事例があります。

たとえば会社でトラブルや事件があったとして、何としても再発を防止するため、ほんとうは自分のところで調査をしないといけないが、いろんな問題があって調査ができないので、外部委員会に調査をゆだねた結果、「原因不明」という結論が出されたとします。それで、再発防止ができるでしょうか?

しかし、学校事故・事件の調査委員会の場合、「原因不明」という見解で幕引きがされている例がたくさんあります。それでよいはずはありません。それでよいとすると、第三者委員会は鎮静化のための手法になってしまいます。

事実解明をしなければ、その事件に対する正しい認識ができません。体罰問題についても、事実を明らかにしなければ正しい認識はできません。事件による被害に加え、学校・教委の事件後の対応によって、学校事故・事件の被害者や遺族はボロボロになります。学校や行政に対して、被害者は圧倒的に弱者です。もっている情報量の差があります。学校で起きたことは学校に聞かなければわかりませんが、学校は知っていても教えてくれません。また、社会的影響力の差もあります。学校が言っていることと、ある遺族が言っていること、多くの人たちはどちらの言うことを聞くでしょうか。どちらを聞くほうが得でしょうか。圧倒的に学校や行政の言うことですね。そのため、学校や行政と敵対することは、地域社会と敵対することになります。そしてつぶされてしまうのです。

体罰に頼らない学校教育をつくるために

では、どうしたらいいのでしょうか。まず、体罰はだめということを広めていかなければいけないということです。

ひとつは、体罰をはじめとする学校事故・事件のことや、それによって被害を受けた多くの子どもたちやその保護者の状況を公にしていかなければなりません。そのためには、いま私たちがやっているような、事件についての相談をもっと進めていかなければならないと思います。

もうひとつは、体罰が子どもにもたらす心的被害について、もっと認知させていかなければなりません。せめて「児童虐待防止法」並みには扱っていかなければなりません。

また、自殺事案で、精神科医は「自殺はいろいろな要因が複雑に絡まって起こるものだから、自殺の原因をひとつに特定することはできない」と言っていて、それは医学的な見解としては正しいのですが、再発防止を目的とする第三者委員会のなかにその考えをそのまま持ち込むと、自殺の原因をあいまいにすることにつながります。

このことを実際にあった別の例でわかりやすく説明します。

小学生が臨海学校の遠泳実習中に溺れ、ドクターヘリで病院に搬送されました。小学生は集中治療室に入れられ治療を受けましたが、数日後に息を引き取りました。亡くなったあと、病院は小学生の死因を「多臓器不全」としました。すると学校はそれを理由に、小学生の死亡を「病死」としました。ご遺族は子どもの死が事故死であることを明らかにするために、その後、大変なご苦労をされました。

小学生が「多臓器不全」で亡くなったことは医学的には間違いないと思います。しかし、再発防止などを考えるうえで必要なことは、「多臓器不全」であったことではなく、「なぜ多臓器不全にいたったのか」ということのはずです。

「自殺はいろいろな要因が複雑に絡まって起こるものだから、自殺の原因をひとつに特定することはできない」という医学的な考え方を、再発防止を目的とする第三者委員会のなかにそのまま持ち込むと、同じような問題が発生する可能性があります。注意が必要です。

それから、体罰によらない教育が可能なのだという認識をもたないといけないと思います。日本では、体罰がなかったら教育ができないみたいな感じに思ってしまっています。でも、そうではありません。たとえばある高校のサッカー部の指導で、日本のいままでのティーチング方式ではないコーチングにとりくんでいる事例があります。フェイス・トゥ・フェイスからサイド・バイ・サイドへの関係性の転換です。子どもたちに「やれ」と言うだけではなく、どうしたらできるようになるかをともに考えるところから始まります。そういうことをやって、しかも結果を出しつつあります。
桑《くわ》田《た》真《ま》澄《すみ》さんが「体罰を行う指導は指導者の怠慢である」と言っていますが、まさに私も同じことを言います。体罰には一定の強制力はあるにしても、子どもにとってあまりにもリスクが高く、弊害が多いがゆえに「禁じ手」です。それが学校教育法第一一条の本来の趣旨だと思います。「体罰はできない」ということを前提で発想すると、「ではどうしたらいいのか」という問いが生まれます。そこからはじめて新しい指導法や教育の創造が始まるのではないかなと思います。

最後は、学校事故・事件に対する事後対応のやり方を改善しなければならないと思います。これは私たちの問題もあるのですが、学校事故・事件の実態から事後対応の問題を指摘しつづけなければいけないと思います。

学校の鎮静化そのものが悪いとは言いません。混乱を避けることは必要です。でも、それがいちばん大切なことなのですかと問いたいのです。その過程で被害者や遺族はボロボロになって、社会から閉め出されて、地域に住めなくなって、家庭崩壊まで起こしています。そんなことまで起こっているのです。

だから、事実解明を中心に置いた、被害者、遺族の救済を目的とした事後対応を実現していかなければなりません。私自身は事実解明に非常にこだわっています。事後対応がしっかりできないと、本当の意味の再発防止はできないと思います。

遺族は子どもを喪《うしな》って、つらいのです。ほんとうにつらいのです。だから、亡くなったという事実に意味をもたせたいのです。子どもは亡くなったけれど、それが再発防止につながったというようにしていかなければならないと思っています。

子どもを熱中症から守るには

娘の学校事故に寄り添って

重富秀由

2019年8月29日
「子どもを熱中症
から守るには」より

はじめに

自己紹介からはじめますが、自営業を営んでいて、二人の子どもがいます。子どもは上が娘で、下に息子です。娘が学校事故に被災したことが、私の人生を大きく変えました。現在、私は、「体罰をみんなで考えるネットワーク」という団体で世話人をしています。この団体は、二〇一二年一二月に起きた桜宮《さくらのみや》高校バスケットボール部の体罰自殺事件のあとに立ち上がった団体で、学習会などを開いて、子どもの教育現場で起きる体罰の問題を話し合ったりしています。そのほか、「全国学校事故・事件を語る会」という団体の会員として活動しています。子どもの在学中は、ＰＴＡの委員長を四年間してきました。

娘は、二〇一〇年、中学一年生一二歳のときに、夏休みの部活（バドミントン部）練習中に熱中症で倒れました。病院では脳梗塞を発症していると診断され、いまも左半身に麻痺《まひ》が残っています。病院では、脳梗塞を発症したのはもともと血液が固まりやすい持病をもっていたからだと診断され、事故対応もされないまま月日が過ぎました。

娘に起こったことは重大な学校事故だったのですが、その原因や責任の所在を明らかにすることは簡単ではなく、私は自分なりに事故の調査や検証などを進めました。そして、事故の責任を認めようとしない学校側と裁判で争うことになり、事故から七年という月日をかけて、ようやく、学校の過失を認めるという判決を得たのです。

私の娘は、二〇二二年に二四歳になります。娘の事例を熱中症事故の防止に役立てたい。これが私の願いです。私がこれまでにまとめてきた資料をもとに、教育現場に足りないものや、とりくまなければならないことを、きょうこの研修会でお話しします。子どもたち一人ひとりが大切にされるための講義として生かしてくださることを心から願っています。

まず第一節として、裁判についてまとめます。次に第二節では、熱中症を防止する方法についてまとめます。

第一節　裁判について

事故の概要

裁判で問題となったのは、夏休み期間中の部活で熱中症になり、左半身麻痺の後遺障害が残ったという事故です。

事故当時、娘はA市立B中学校の一年生であり、バドミントン部に所属していました。二〇一〇（平成二二）年八月三〇日(月)、午前一一時一〇分から部活動を開始し、正午ごろから試合形式の練習をしていたところ、午後一時前、左半身の脱力感と顔のひきつけ、頭に激痛などの熱中症と思われる症状が出現しました。

練習に立ち会っていたC教諭は、娘を教官室で休ませ、水分を摂《と》らせるなどしました。保健の先生（養護講師）にきてもらって確認したところ、脳の問題であると判断し、タクシーでD病院に搬送しました。午後二時五分ごろにC教諭付き添いのもと病院に到着しました。

D病院では脳塞栓《そくせん》症（診断書の病名は「右中大脳動脈塞栓症」）と診断されました。D病院に入院して治療およびリハビリを受け、一二月三日(金)に退院しました。通学再開は一二月九日(木)からです。娘は、退院後、別の病院に通院してリハビリを続けましたが、左半身に麻痺が残りました。

発症原因について、D病院のK医師は「診断書兼入院証明書」に、入院の原因となった傷病名を「脳塞栓症」、その原因を「プロテインS欠乏症」[*1]と記載しました。

＊1　プロテインSは血液凝固制御因子のひとつ。遺伝子の変異があることによって、生まれつきプロテインSが欠乏する人がいる。そういう人は血栓ができやすい体質になり、血栓症を発症する。常染色体顕性遺伝（優性遺伝）の遺伝形式で遺伝する。

裁判にいたった理由

私は、事故の発生は、酷暑のなか、閉め切った体育館で部活動が行われていたことが原因ではないかと感じ、B中学校およびA市の教育委員会に原因を尋ねました。ところが、教育委員会は問いに答えるどころか、「原因はなんですか?」と突き返してきたのです。原因究明にむかってまったく動こうとしない教育委員会に対して、私はくりかえし足を運んで訴えつづけました。

私は、B中学校校長およびバドミントン部顧問C教諭（事故発生時に練習に立ち会っていました）が、熱中症を予防するための注意義務を尽くしていれば、一二歳の子どもが脳塞栓症を発症することはなかったのではないか、と考えました。

猛暑日が続くなか、夏休みに入ってからほぼ毎日、部活があったこと（八月一一日から事故が発生した八月三〇日までのあいだは、八月二五日の全校登校日を除いて毎日、練習がありました）、さらに、事故の前日（八月二九日）の部活が一〇時間に及んだ（八時から一八時）ことが、事故の原因となりうるのではないかと考えました。

一方、D病院のK医師は、入院四日目（九月三日）に採取した血液の検査結果により、発症原因は被災生徒に血液が固まりやすい持病があったためという診断書（「原因はプロテインS欠乏症である」）を九月三〇日に作成していました。熱中症による脱水が脳梗塞を引き起こした可能性があると考え、部活の練習環境（体育館の温度や湿度）および休憩や給水のあり方に問題はなかったのかを、B中学校およびC教諭に確認しようとしていた私にとって、K医師の「原因はプロテインS欠乏症である」という診断書は、納得のいかないものでした。

しかも、血液検査の前日に、D病院K医師の投薬指示で娘はワーファリンを服用していたのです。このことを知った私は、検査結果に影響する薬をなぜ検査の前日に服用させたのか、不審に思いました。ワーファリンは抗凝固作用のある薬なので、ワーファリンを服用することによってプロテインSの検査結果が基準値よりも低下することは医学的事実なのです。

私は、中学校および教育委員会との話し合いにおいて、娘の後遺障害に応じた賠償を当初から求めていました。しかし教育委員会は、体育館の環境が熱中症を誘発する可能性の高い過酷な環境であるかどうかわからないという見解であり、私の問いへの回答を避けつづけてきました。

私は被災した娘の法定代理人親権者として、脳塞栓症の発生に関するB中学校およびC教諭の責任を問い、A市に損害賠償請求を行ってきました。しかし、A市が応じないため、損害賠償の訴訟を提起するにいたりました。

なぜ、事故が起こったのか

事故にいたるまでに何があったのか、詳しくたどってみます。倒れた当日(八月三〇日)は、お昼の時間帯一一時一〇分に部活の練習が始まりましたが、娘は一年生だから準備などで三〇分前には部活に参加しており、一時間以上たってから倒れたのです。

倒れる前日(八月二九日)には、気象庁からは三七・四度を記録して猛暑日と発令されていた日であったにもかかわらず、朝八時から夕方六時まで一〇時間も部活が行われていました。

しかも、体育館の窓と暗幕カーテンを閉めた状態で、顧問は、一年生と二年生合同でリーグ戦を行わせ、屋外での休憩も取らせずに試合を行わせていました。私も経験したことのない異常な環境です。

もともと、生徒に配布していたスケジュール（予定表）では三時間半の予定になっていたのですが、リーグ戦を行うために顧問は体育館を借り切り、一〇時間も部活を行う予定を組んだのです。そして、このときのリーグ戦は自分の試合が終われば審判、次に試合というのがくりかえし行われ、休憩はなく、水分を補給したらすぐに練習（試合）に戻る、を繰り返していました。

事故前日のこの日、娘は参加していた部員全員と試合をして、顧問の先生から「二年生に負けるな」と煽《あお》られたりして勝ちつづけていたようです。そして、事故当日は、前日に休んでいた部員と試合をすることになり、基礎練習などが終わってからの一試合目に倒れました。二週間前には地区大会で優勝していた経緯があって、激しい運動メニューになっていたのです。

倒れた当日、なぜ、部活を開始してから一時間あまりで倒れることになったのでしょう。調べていってわかったのは、前日に一〇時間もの長時間、部活を行っていたことです。身体が回復せずに倒れたのではないでしょうか。

事故当時は、学校で娘に何があったのか、何を手がかりにして事実を明らかにすればよいのか、まったくわかりませんでした。病院に駆けつけたときに、娘の容態を聞いてから緊急入院をすることになり、そこで、顧問の先生にどんな環境で部活をしていたのですか、と聞きました。

最初に出てきた言葉が、「窓を閉めてやっていました」、だったのです。

私はこのときに、猛暑日が続くこんな時期に、なぜ窓を閉めて部活ができるのかが信じられませんでした。ふだん、私は、仕事でハウスクリーニングなどをしていましたが、空室で作業をする場合は、部屋に入ったときに全部の窓を全開にします。

むせかえっている空気を外に出すために、そして、作業中、室内の気温や湿度が上がらないようにするために、必ず窓を全開にするのです。

それでも暑いくらいなので、風のあたる場所とか、エアコンをかけた車とかで、たびたび休憩します。そこまでしないと、長時間の作業なんかできません。

私としては、こんな暑い日に窓を閉めてスポーツする競技というのがいまでも疑問です。そこで、当日のことを学校にまとめてもらいました。次のとおりです。

事故当日（学校側の説明）

午前一一時一〇分：練習開始。体育館の外でランニング三往復と体操を行った。

その後、体育館に移動しフットワーク四方向（前後左右）を三セット行った。

午後〇時二五分：基礎練習をした後、シングルスの試合開始。一試合目は主審を担当した。

午後一時前頃：娘は二試合目に参加。

試合の途中シャトルを取り損ね、おかしいと顧問は思ったが、得点を取っていた為《ため》、そのまま見守った。

午後一時一〇分頃：再びシャトルを取り損ね「頭が痛い、しんどい」と言ったので、試合を止め、休ませた。

移動の際、左足のつま先が内側に向き、左腕がだらんとしている様子があり、目の焦点も少しずれ、顔の左半分も麻痺している感じだったので、指を握るように指示したところ、左手ではぜんぜん握れなかった。

顧問は、すぐに冷房の効いた教官室につれて行き、くつを脱がせ、ソファで横に寝かせ、ポカリスウェットを飲ませた。

顧問は保健担当の先生に容体を説明し、教官室まで見にきてもらった。握力は回復したものの、顔の左半分がひきつったままで、話すとき呂律《ろれつ》が回らないので、病院へ連れて行く判断をする。

病院に電話したところ、救急で診てもらえることになり、タクシーを呼ぶ。

重富さん〔娘のこと：筆者追加〕は「元気になった」と言うが、まだ顔の麻痺が気になるので病院へ行くことを伝える。

このとき、左手がうまく使えない場面があった。

学校から病院へタクシーで搬送。

午後二時頃、病院に着き嘔吐《おうと》する。

すぐさまCT撮影とMRI撮影が行われた。


以上が、学校がまとめたものです。


事故当時、男性顧問は一人で部活を見ていましたが、娘が倒れてからちょうど女性の副顧問が遅れて出勤したようで、他の生徒は副顧問に任せた様子でした。

病院で検査を受けているあいだに、連絡を受けた私たち保護者が到着しました。

午後四時ごろ、外来診察室で診断（検査）の結果、脳梗塞になっていることを伝えられました。このとき、娘はストレッチャーに横たわっていました。

担当医から、麻痺は治まっているものの後遺症が残るかもしれないと言われ、不全麻痺と説明を受けました。

私が原因を担当医に聞くと、担当医に「お父さんはおタバコを吸われますか?」と尋ねられました。私が「吸います」と答えると、担当医は「原因はタバコでしょう」と診断しました。そして、二週間~三週間の入院を言われ、すぐに緊急入院となったのです。

急性期治療を受けていましたが、午後九時ごろ激しい頭痛があり、嘔吐を繰り返すなどし、増悪しました。

なぜ窓を閉めて部活ができるのかを調べていくなかで、熱中症予防のガイドブックや熱中症予防運動指針というのがあることを知りました。そして、これらの指針に照らせば、運動が禁止される領域で部活が行われていたことがわかったのです。

事故後、学校や教育委員会に検証をお願いしても受け入れてもらえず、「検証できる部署はありません」「専門家に頼んでください」といった対応でした。

検証をするために、「体育館に温度計を設置したい」とお願いした際も、守秘義務に違反するのと、裁判をしているから設置できないという回答でした。

裁判の経過

◉提訴から結審まで

提訴：二〇一三（平成二五）年五月三一日に大阪地方裁判所に訴状を提出しました。

原告は被災生徒である娘、被告はB中学校を設置する地方公共団体（A市）です。

原告は被告に対し、国家賠償法一条にもとづき、損害賠償として五六三九万四九一六円およびそれに対する遅延損害金の支払いを求めました。

判決（一審）：二〇一六（平成二八）年五月二四日

大阪地方裁判所の裁判長は、被災生徒が後遺障害を負ったのはB中学校の対策の不備が原因だとして、A市に対して四一一万円を支払うよう命じた。

控訴審（二審）判決：二〇一六（平成二八）年一二月二二日

大阪高等裁判所は一審と同様、学校側の過失を認定した。賠償額を約八〇万円増額してA市に約四九〇万円の支払いを命じた。

◉事件番号など

事件番号：平成二五（ワ）五五三〇
事件名：損害賠償請求事件
裁判年月日：平成二八年五月二四日
裁判所名・部：大阪地方裁判所　第二〇民事部
判示事項の要旨（「裁判例情報」より）

当時中学一年生であった原告が、バドミントン部の部活動中に熱中症になり脳梗塞を発症した事案において、日本体育協会の熱中症予防指針では、気温を把握した上で運動の中止等の配慮をするように求められており、そのためには、中学校長は、体育館内に温度計を設置し、顧問教諭が気温に応じた対応をとることができるようにすべき注意義務があったところ、本件事故当時、本件体育館内の気温は、運動は原則中止とされる環境に近かったにもかかわらず、本件事故の起きた体育館内には温度計が設置されていなかったために、顧問教諭が気温に応じた対応をとることができなかった結果、原告が熱中症を発症したとして、中学校長の過失を認めた事例。

判決の全文はネットに公開されています。
https://www.courts.go.jp/app/hanrei_jp/detail4?id=86277

◉体育館での検証

裁判をしている過程でよかったのは、最初に就いた裁判長が女性の元お医者さんだったので、この事件や診断のあり方にもすごく前向きに向き合ってくれたことだと思います。引き継いだ裁判長は私に学校の体育館で検証をする機会を与えてくれて、次のように検証することができました。

体育館での検証の立会人
裁判所から：裁判長、書記官など
被告側から：教頭先生、A市職員、教育委員会委員、被告側弁護士など
原告側から：保護者、原告側弁護士

検証した日：二〇一四（平成二六）年八月二〇日(木)

検証した場所：本件中学校の敷地、及び体育館

検証したこと

・体育館の外（午後〇時四八分測定）：気温33℃、湿度60％、WBGT30・3℃

・体育館の中（午後一時四〇分測定）：温度36℃、湿度49・1％、WBGT30・8℃

（このとき体育館内は無人。体育館の下窓及び暗幕カーテンを開け、その他の開口部を閉めた状態）

・気象庁発表の最高気温：33・7℃

検証の様子の写真があります。［省略］

［WBGT（Wet Bulb Globe Temperature）とは、湿球黒球温度のことで、暑さ指数］

判決（一審）の概要

◉争点

裁判において次の八つが争点とされました。

争点1：WBGTが31℃以上であったことを前提に、C教諭が原告にバドミントンをさせたこと自体に過失があるか

争点2：ＷＢＧＴが28℃以上であったことを前提に、Ｃ教諭には原告にバドミントンをさせた過失又はバドミントンをさせる上で必要な配慮を怠った過失があるか
争点3：被告中学校長には、熱中症を予防するために必要な措置を取らなかった過失があるか
争点4：争点1～3の各過失と本件脳梗塞との間の因果関係
争点5：素因減額の可否及び程度
争点6：原告の後遺障害の程度
争点7：原告がＪＳＣ（日本スポーツ振興センター）に対して障害見舞金の給付申請をしないことが信義則に反するか
争点8：損害額

◉**裁判所の判断**

●**争点1～3（Ｃ教諭又は被告中学校長の過失）について**
①熱中症の発症予防に関する一般的注意義務［省略］
②本件における具体的注意義務
ア　被告中学校長には、ＷＢＧＴを把握するための温度計を設置する義務があった
本件指針*2［日本体育協会「熱中症予防のための運動指針」］は、ＷＢＧＴの数値を主たる基

準として、部活動等の指導者がとるべき対応についての指針を示すものである。したがって、本件指針の趣旨を踏まえて熱中症予防を実現する措置をとるには、その前提となるWBGT又はこれに相当する湿球温度又は乾球温度（以下「WBGT等の温度」という。）を把握することがまずもって必要となり、そのためには、部活動を行う室内又は室外に黒球温度計、湿球温度計又は乾球温度計のいずれかを設置し、各指導教諭がWBGT等の温度を把握することができる環境を整備することが不可欠であったといえる。したがって、被告中学校において部活動の指導教諭を監督する立場にあった被告中学校長には、上記温度計を設置する義務があったというべきである。

イ　被告中学校長には、部活動の指導教諭を指導する義務があった

本件指針の趣旨を実現するには、各部活動の指導教諭が本件指針の趣旨を理解し、これを実際の部活動の各場面・状況に応じて適切に活用し、熱中症予防のための行動をとることが必要となるから、被告中学校長には、部活動の指導教諭に対し、本件指針の趣旨と内容を周知させ、これに従って行動するように指導する義務があったというべきである。

＊2　財団法人日本体育協会は、一九九四（平成六）年に熱中症予防の原則を「熱中症予防八ケ条」としてまとめ、具体的なガイドラインとして「熱中症予防のための運動指針」を発表した。裁判のなかでこの指針は「本件指針」と記されている。裁判ではこの指針に照らして被告の過失が判断された。

③注意義務違反

ア　被告中学校長は温度計を設置する義務を怠った

本件事故当時、被告中学校の本件体育館には、黒球温度計及び湿球温度計はもとより、一般の乾式温度計も一切設置されていなかったのであり、本件指針の趣旨に従って熱中症の予防に配慮する前提となるＷＢＧＴ等の温度を認識することのできる環境が全く整備されていなかったことになるから、被告中学校長が上記②アの義務を怠っていたことが明らかである。

イ　被告中学校長は部活動の指導教諭を指導する義務を怠った

被告中学校では、本件事故前の平成二二年八月五日、被告中学校長から各教諭に対し、熱中症対策として、練習内容、健康観察、水分補給、休憩、早い対応などについての指導があったと認められるものの、上記③アのとおり、被告中学校には乾式温度計すら設置されていなかったことを踏まえると、ＷＢＧＴ等の温度を基本として対応を検討すべきものとする本件指針の趣旨と内容が周知・徹底され、これに従って行動するよう指導されたとは考え難く、それに及ばない一般的指導がされたに止まったものと認められるから、上記②イの義務をも怠ったものというべきである。

ウ　上記②アおよびイの義務は軽減されない

平成二二年までに、本件指針に準拠した熱中症対策を行うべきことが広く周知され、教育関係者において負担すべき一般的義務となっていたと解される以上、多くの中学校における熱中症対策が不十分であったからといって、上記義務が軽減されるいわれはない。確かに、部活動の現場で、温度を管理しながら運動の可否・内容を決することには、煩雑な部分があることは否定し得ないが、だからといって、児童生徒の生命・身体の安全を疎《おろそ》かにすることがあってはならず、できる限り危険の発生を回避すべく、温度管理を基本としながら、冷房機や冷風機などを用いて極力気温を下げたり、風を循環させたりする工夫をした上で、それでも気温が高い場合には、運動を回避又は軽減したり、休憩や水分・塩分の補給等に慎重な配慮を巡らせる等のきめ細かい対応を検討しつつ、部活動をできる限り安全に実施することが求められていたものというべきであるから、これらの工夫をすることなく、現状のまま部活動を実施することもやむを得ないという被告の主張は採用できない。

エ　被告中学校長には、上記②の注意義務アおよびイを怠った過失があるというべきである。

④争点1～3の結論

ア　争点1についての原告の主張は認められない

本件事故当時の本件体育館内のWBGTが31℃を超えていたとは断定できないから、これを前提とする争点1についての原告の主張は理由がない。

イ　争点2についての原告の主張は認められない

C教諭には、本件体育館内に温度計の設置がない状況下で、本件指針の趣旨・内容を踏まえた運動の中止又は軽減等の判断を適切に行うことは困難であったと認められるから、C教諭が争点2の具体的注意義務を負っていたとは解されず、争点2についての原告の主張も理由がない。

ウ　争点3についての原告の主張は認められる

これに対し、被告中学校長には、上記③の過失があるといえるから、争点3についての原告の主張は理由がある（以下、上記③の過失を「本件過失」という。）。

●争点4（本件過失と本件脳梗塞との間の因果関係）及び争点5（素因減額の可否及び程度）について

①本件過失と熱中症との間の因果関係

被告中学校長が〔中略〕、ＷＢＧＴ又は気温を計測できる温度計を設置し、かつ、本件指針の趣旨・内容を踏まえた対応を行う旨の指導を行っていたとすれば、Ｃ教諭は、本件指針の趣旨・内容を踏まえ、本件事故当日の練習時に、本件体育館内の温度を確認し、運動を中止するか又は軽めの運動に止める旨の判断をしたであろうと推察される。

すなわち、〔中略〕本件事故当時、ＷＢＧＴが31℃を超えていたとまでは断定できないものの、30・2℃ないし30・8℃といった31℃に極めて近い程度であったことが推認される。また、仮に、本件体育館に乾式温度計のみが設置されていた場合には、平成二六年八月二〇日の計測結果（35・2℃ないし36・0℃）から推して、ＷＢＧＴに換算すると31℃を超えていると判断された可能性が高かったといえる。そうすると、Ｃ教諭は、本件事故当日、窓とカーテンを閉めて練習を開始した午前一一時五〇分頃（上記③ウ）からそれほど間がない時点で、ＷＢＧＴが31℃を超えるか又はそれに極めて近い状況にあることを認識し、本件指針の趣旨・内容を踏まえて、練習の中止又は内容の軽減を検討・実施したものと考えられるから、少なくとも本件事故前に実際に行った基礎打ち及び試合形式の各練習を平常どおり行うことはなかったはずであり、そうであれば、原告が熱中症にり患することもなかったものと推察される。

このように、被告中学校長が上記③の各義務を履行していれば、本件事故前にしたものと同様の通常の練習をしなかった結果、原告が熱中症にり患することもなかったと考えられるから、上記義務違反の過失と原告が熱中症にり患したこととの間には因果関係があると認められる。

②熱中症と本件脳梗塞との間の因果関係

a 原告は、本件事故当時、熱中症による脱水症状を来していたこと、

b 体が脱水症状に陥ると、アテローム血栓性脳梗塞の原因となる血栓ができやすくなること、

c 原告は、若年であり脳梗塞の原因となる高血圧、糖尿病等の基礎疾患を有していないこと、

d 原告のプロテインSの数値は低値であるものの、それにより本件事故以前に脳梗塞等の血栓塞栓性の疾患を生じたことはなかったことなどからすると、本件脳梗塞は、本件事故当時の熱中症による脱水症状がなければ生じることはなかったものと認められる。

したがって、争点3における過失と本件脳梗塞の発症との間には因果関係があると認められる。

③原告の素因の寄与とその割合（素因減額の可否及び程度）

ア　原告はプロテインS欠乏症であったので血栓塞栓性疾患が生じやすい

a　原告は本件事故当時、一貫して意識は清明であり、血液の凝固異常が生じるほどの重度の熱中症（熱射病）であったとはいえないこと、

b　本件事故当時、原告が行っていたバドミントンは、屋外での運動や厚手の衣服等を着用して行う剣道や柔道等に比べ、高度の脱水症状が生じやすいものではないこと

c　本件事故が発生したのは、練習開始から約二時間後であり、その間に二回の休憩があり、その際には一定程度の水分補給をしていたこと、

d　それにもかかわらず、本件脳梗塞を発症し、その程度は入院約三か月、リハビリを含めた通院約八か月を要するものであったこと、

e　原告のプロテインSの抗原量は基準値を下回る状態（プロテインS欠乏症）であったところ、プロテインS欠乏症の患者は、血液の凝固による血栓塞栓性疾患が生じ易《やす》く、その発症率は健常者の一〇倍程度とされていること

などの事実等が認められる。

イ　原告がプロテインS欠乏症にり患していたことは否定できない

原告は、平成二二年の血液検査時のプロテインSの数値は、当時服用していたワーファリンの影響によるものであって参考にならないこと、平成二四年の血液検査での値は基準値を下回るが、小児の場合には成人に比べて低値となることがある上、下回る程度もわずかであることなどを指摘し、原告はプロテインS欠乏症ではなく、これを原告の素因として考慮すべきではない旨主張する。しかし、

a　原告は、平成二三年九月五日を最後にワーファリンの服用を中止した後の、平成二三年一二月二七日、平成二四年四月五日及び平成二五年八月二三日に実施された各血液検査によれば、いずれも原告のプロテインSの数値は基準値の下限を明らかに下回っていること、

b　小児の場合に基準値を引き下げて考える立場によったとしても、プロテインSのフリー抗原量は基準値を下回っていること、

c　医師の所見においても、上記抗原量は正常とはいえず、それが脳梗塞の原因であった可能性があると指摘されていることに照らすと、

原告がプロテイン欠乏症にり患しており、それが脳梗塞の発症に影響を与えたことは否定できないというべきであるから、上記認定を左右しない。

ウ　プロテインS欠乏症の寄与度は七〇%とするのが相当である

原告は、もともと通常人に比べて血液が凝固し易いという身体的素因（プロテインS欠乏症）を有していたところに、本件過失［争点3についての中学校長の過失］によって生じた熱中症による脱水症状のため血栓ができ易くなったことが相まって、本件脳梗塞を発症したものと推認され、原告のプロテインS欠乏症が、本件脳梗塞の発症及びその重篤化に相当大きく寄与したものとうかがわれるところ、前記の各事実等を総合考慮すれば、その寄与の程度は七〇％と認めるのが相当である。［以下略］

以上が判決の概要です。

争点3について被告中学校長の過失が認められたのは、この種の裁判において画期的ともいえることでした。ただ、残念だったのは、脳梗塞を発症した原因として、熱中症による脱水症状とプロテインS欠乏症の二つが挙げられ、後者の寄与度が七〇％とされたことです。娘がプロテインS欠乏症であるという診断には疑問が残ります。というのも、事故以前、娘にはプロテインS欠乏症の症状がいっさいなかったからです。また、プロテインS欠乏症は顕性遺伝疾患とされていますが、私にも妻にもプロテインS欠乏症の症状はありません。それなのに、プロテインS欠乏症という診断名が出てきたことによって、熱中症から脳梗塞にいたったメカニズムを検討する道がふさがれてしまいました。

裁判を通じて感じたこと

熱中症の死亡事故はテレビや新聞などで報道されますが、死亡事故以外の事故については、詳しく報道されることがありませんでした。そこで、死亡にはいたらなかったとしても、後遺症を負うなど重大事故があるということを世の中に知ってもらいたいと思い、私は記者会見を開きました。

判決の前に、裁判長から和解案を提示されましたが、子どもの教育現場をもっと広く知ってほしいと思っていたので、和解という選択肢はありませんでした。

当時、学校の部活は保護者の見学が禁止されていました。そのため、子どもがどんなに過酷な環境で部活を行っているのか、気づくことができませんでした。

一〇分や二〇分くらいなら過酷な環境でも部活ができるかもしれませんが、長時間に及ぶと疲労が蓄積します。二時間半から三時間半の部活を毎日行うことも、暑い季節には体に負担がかかります。くりかえし過酷な環境で部活を行うと熱中症の状態が続くことになり、病院に搬送されるほどの重症化にいたるのです。

社会一般では、就業しているときは、一〇時、一二時、一五時の時間帯には休憩をとることが推奨されています。とくに建築現場においては、休憩がとれるようにプレハブを設置して、プレハブの横には自動販売機やウォータークーラーなどを設置して水分が摂取できるようにしてあります。子どもたちが学校でスポーツをする際にも、こうした環境整備が必要だと考えます。

あらためて裁判に踏み切った理由を考えてみると、ふたつの理由がありました。ひとつめの理由は、簡易裁判所での調停では話が進まなかったことです。私は最初、市と話し合いの場を設けるのに簡易裁判所での調停で進めていましたが、一年経《た》っても話が進みませんでした。そのとき、調停員から地裁に持っていったほうがいいという判断をいただきました。

ふたつめの理由は、事故から三年が経過し、娘が卒業を迎えた時期と重なり、学校と話し合う機会が薄れたことです。娘の卒業と同時に提訴に踏み切りました。

原告である娘は一五歳で未成年です。学校と話し合ってきたが何の対応もしてもらえないから「裁判してもいい？」って娘に尋ねたら、私に「うん」って頷《うなず》いてくれました。

私は、学校の事故対応がスムーズでなかったのでＰＴＡの委員長に就くことになり、バドミントンの部活の環境を気にしていました。

事故後も同じ環境で部活を続けていたようで、ほかにも救急車で搬送される生徒やマッサージを受けている生徒もいたことを知りました。熱中症で倒れたことのある生徒は、本格的な夏になる前であっても、たとえば少し暑くなった六月に救急車で運ばれたりしていました。一度、熱中症になると身体に何らかのダメージが残るのだろうと感じました。この生徒はその後、部活を辞めたと聞きました。

娘の後輩のなかには、部活で熱中症に一度なってから、教室でもたびたび熱中症の症状が出るという生徒がいました。保護者から相談を受けたことがあります。学校に報告したところ、「確認できています」とのことでした。熱中症について真剣にとりくんでいるのか心もとない感じがしたので、夏休みに入る前のPTAの集会のときに、保健体育の委員長として学校に注意喚起のお話をしました。「夏休みの部活で熱中症になり救急搬送される事件が報道されています。先日も熱中症による死亡事故の報道がありました。どうか、事故のないように子どもたちをお守りください」という話をしたのです。そのとき、他の保護者から「先生が怖いから休憩を取りたいって言えないと、子どもが言っています」という声が上がっていました。バドミントン以外の部活でも、休憩を取ることや水分を自由に摂取することができないようだったので、部活の際、子どもが自分の判断で休憩を取ったり水分を摂取したりできるような雰囲気づくりをお願いしました。

第二節　熱中症から確実に子どもを守るために必要なこと

日本スポーツ協会『スポーツ活動中の熱中症予防ガイドブック』の意義

熱中症を予防する指針やマニュアルには、環境省が出しているものや厚労省が出しているものなどがありますが、部活をする子どもたちを熱中症から守るためのもっとも身近なよりどころは公益財団法人日本スポーツ協会（旧・日本体育協会）が発行している『スポーツ活動中の熱中症予防ガイドブック』（以下『ガイドブック』と略）です。初版が一九九四（平成六）年に発行されてからたびたび改定され、最新版は二〇一九（令和元）年に発行された第五版です。

◉熱中症発症のメカニズム

『ガイドブック』によれば、熱中症とは「暑熱環境で発生する障害の総称」（『第五版ガイドブック』二頁）です。では、なぜ暑熱環境で身体は異変を起こすのでしょう。ここには、人が恒温動物であることがかかわっています。人の体においては、脳の視床下部が血液の温度を感知していて、体温が下がれば熱産生を増やすような変化を、体に起こさせているのです。人の深部体温はほぼ37℃を保つように調節されています。

暑熱環境でスポーツをすると、環境から身体に入ってくる熱、代謝（基礎代謝のこと）によって発生している熱、筋収縮に伴ってつくられる熱が合わさり、熱産生量が大きく増えます。そこで、体温を37℃に保つためには、熱放散を増やさなければならないのです。熱放散には、非蒸発性熱放散（皮膚の血流量を増やして体表から熱を放散する）と蒸発性熱放散（汗を分泌させ、汗の水分が蒸発するときの気化熱によって熱放散する）のふたつがありますが、外気温が高いと非蒸発性熱放散ができません。湿度が高いと汗が蒸発しないので蒸発性熱放散ができません。蒸し暑い環境でスポーツをしていると熱放散がうまくいかず、体温が上昇していき、生命に危険が及ぶのです。

しかも、暑熱環境で運動すると、体内の血液配分にも問題が起こります。運動を続けるためには筋肉組織に血液を送る必要がありますが、非蒸発性熱放散をするためには皮膚に血液を確保しなければなりません。さらに、皮膚への血液が増加すると、皮膚の近くに血液がたまってしまうので心臓に戻る血液の量が減少してしまいます。心臓に戻る血液が減少しないようにするために、内臓の血管を収縮させて内臓への血液を減らすことになります。内臓は貧血状態になり、ダメージをこうむります。

◉「水分と塩分を摂っていたら防げる」は間違い

暑いところで運動していると汗をかきます。汗とともに水分と塩分が失われるので、それを補えばよいというイメージがつくられているように思います。しかし、熱中症になる原因は、水分と塩分が失われることではありません。どんなに水分や塩分を摂取していても、熱産生量が熱放散量を上回る状態が続けば体温が上昇していき、熱中症になってしまうのです。

そして、ここから、熱中症を防ぐために必要なことも見えてきます。それは、体温を下げることです。水分と塩分の摂取も必要ですが、それよりも重要なことは、涼しいところで休憩して体温を下げることなのです。休憩は五分では休憩といえません。上昇してしまった体温を正常に戻してあげるには、冷房の効いた部屋などで二〇分くらい休むことが必要です。

夏に配布される学校の保健だよりで「熱中症を予防しましょう」と注意を喚起するだけでは予防にはなりません。「熱中症になったら病院に行きましょう」「救急車を呼びましょう」といった呼びかけだけでは、熱中症は防げないことを、どうか知っておいてください。

部活での熱中症から子どもを守るための提案

娘の事故以来、熱中症から子どもたちを守るために身近にできること、守ってほしいことを考えてきました。以下にそれを紹介します。

◉考え方

①部活の指導者は子どもの命を預かっている

朝、「行ってきます」と元気に家を出た子どもが、部活の練習で熱中症になり、死んでしまうことがあります。これは一例もあってはならない大変なことであり、指導者は、子どもを死なせてしまうかもしれないという恐れをもつべきです。これは「ゆる部活」であろうと「本気部活」であろうと変わりません。

②パターナリズムが必要なこともある

子どもが「もっと練習したい」と言っても、熱中症の危険がある場合は練習をやめさせる必要があります。子どもにも自分のことは自分で決める権利がありますが、危険の有無を判断する力が未熟な場合には、おとなはこの権利を制限してよいのです。子どもがしたいことが危険な行為である場合、おとなは「やめておこう」と止めなければなりません。

③子どもの自己マネジメントの力を養う

なぜＷＢＧＴが高くなったら運動を中止しなければならないのか、熱中症がどういうメカニズムで発症するのか、熱射病になってしまったらどれだけ危険であるかを理解できるように、おとなは子どもにわかりやすく説明しなければなりません。

④学校は情報公開すべき

子どもの年齢が上がるにつれて、保護者は学校にお任せになることが多いものです。学校で子どもがどのように過ごしているのか詮索すると、クレーマーだと思われるのではないかという心配もあるでしょう。また、教員は生徒を評価する権限をもっているのだから、あたかも子どもを人質に取られているかのように思う人もいるかもしれません。しかし、このような心配や遠慮は、子どもの命や健康を守るためには思い切って捨てましょう。授業に授業参観日があるのと同様、部活にも部活参観日が設けられてよいのではありませんか。もっといえば、学校側には、熱中症事故に限らず事故防止の対策としてどのようなことをしているのか、保護者に説明する責任があります。

◉具体的な対策

①休憩の取り方

・休憩は、上昇した体温を下げることができるような休憩でなければなりません。「涼しいところで休憩」というような漠然とした言い方ではなく、戸外の日陰、風通しのよいところ、冷房のきいた部屋を気温に応じて使い分けます。日本の夏は、気温が25℃以上の日がほとんどなので、グラウンド、テニスコート、体育館の近くに冷房のきいた場所を休憩所として確保するのが望ましいのです。

・全員休憩については、休憩のタイミングをあらかじめ子どもたちに伝えておきます。いつ休憩がもらえるのかわかっていると、子どもはそれを見越して練習の強度を自分で調節できます。

・しんどくなったらいつでも休憩するようにと、あらかじめ子どもに伝えておきます。

・休憩時間は、二〇分程度は必要です。五分休憩では足りない、たとえば、水分摂取してすぐ練習に戻るような休憩は「休憩」とはいえません。

・休憩中は休憩に集中する。練習しながら休憩するのでは休めません。

・休憩中に生徒同士でも体調を観察するようにしましょう。

②水分の摂取について

・「こまめに」という表現はあいまいです。飲みたいときにいつでも飲める環境が必要です。
・試合中、試合に出ない部員（見学している部員）は、水を飲みに行くことに気を遣います。気を遣わずに飲みに行けるようにしましょう。
・水分の温度は、夏の部活の場合、5～15℃にしましょう。水道水は30℃に近いので適しません。
・すぐに飲めるように、そして、量が飲めるように用意しましょう。
　冷たい水を十分に確保するには冷水器がよいです。人数に応じて冷水器の数を増やすこと。生徒たちが持参している水筒などに補充できるようにしておきましょう。
・スポーツドリンク（冷えたもの）が手に入るようにしましょう。

③空腹時に運動しない

　夏休みの部活は朝から始まることもあります。朝ごはんをしっかり食べてくるのが理想ですが、これが現実にはできないこともあります。保護者が忙しくて朝ごはんを用意できないこともあるでしょうし、起きてすぐにはしっかり食べられない子どももいます。親の責任問題にするだけでは子どもを守ることはできません。また、たとえ朝ごはんをしっかり食べてきたとしても、朝ごはんを食べてから部活で体を動かしていたら、三時間もすればお腹《なか》が空《す》いてきます。部活の練習が午前と午後にまたがっている場合、空腹の時間に運動することになってしまいます。

そこで、次のようにします。

・学校で軽食が摂れるようにしましょう。
・軽食を持ってこられない子どもがいるかもしれないので、学校にも軽食を用意しましょう。
こうしておけば、お昼に部活を延長しても空腹のまま運動せずにすむので安心できます。
・練習時間が午前と午後にまたがる場合は、空腹になる前に昼食を摂りましょう。

④WBGT28～30℃の日は身体運動をしない

『ガイドブック』の「熱中症予防運動指針」の表には、WBGTが31℃を超えた場合は「運動は原則中止」であり、28～30℃の場合は「厳重警戒（激しい運動は中止）」とあります。「原則中止」ではなく「中止」とすべきです。また、子どもはおとなよりも熱中症になりやすいので、「厳重警戒（激しい運動は中止）」という表現をより重く理解して、「部活の練習はし

熱中症予防運動指針

WBGT℃	湿球温度℃	乾球温度℃		
			運動は原則中止	特別の場合以外は運動を中止する。特に子どもの場合には中止すべき。
31	27	35		
			厳重警戒（激しい運動は中止）	熱中症の危険性が高いので、激しい運動や持久走など体温が上昇しやすい運動は避ける。10～20分おきに休憩をとり水分・塩分を補給する。暑さに弱い人※は運動を軽減または中止。
28	24	31		
			警　戒（積極的に休憩）	熱中症の危険が増すので、積極的に休憩をとり適宜、水分・塩分を補給する。激しい運動では、30分おきくらいに休憩をとる。
25	21	28		
			注　意（積極的に水分補給）	熱中症による死亡事故が発生する可能性がある。熱中症の兆候に注意するとともに、運動の合間に積極的に水分・塩分を補給する。
21	18	24		
			ほぼ安全（適宜水分補給）	通常は熱中症の危険は小さいが、適宜水分・塩分の補給は必要である。市民マラソンなどではこの条件でも熱中症が発生するので注意。

1）環境条件の評価にはWBGT（暑さ指数とも言われる）の使用が望ましい。

2）乾球温度（気温）を用いる場合には、湿度に注意する。
湿度が高ければ、1ランク厳しい環境条件の運動指針を適用する。

3）熱中症の発症のリスクは個人差が大きく、運動強度も大きく関係する。
運動指針は平均的な目安であり、スポーツ現場では個人差や競技特性に配慮する。

※暑さに弱い人：体力の低い人、肥満の人や暑さに慣れていない人など。

日本スポーツ協会『スポーツ活動中の熱中症予防ガイドブック』2019年版より引用
https://www.japan-sports.or.jp/Portals/0/data/supoken/doc/heatstroke/heatstroke_0531.pdf

ない」という決断が必要です。グラウンドや体育館で体を動かす練習は中止して、冷房のきいた教室などでルールの学習をしたり、運営についてのミーティングをしたりするのがよいでしょう。指導者の指示に従順に従うだけではなく、自分たちで話し合って練習方法や練習メニューを考える機会をもつことは、スポーツをするうえで非常に重要です。

⑤「一日ぐらいなら」は危険

一日でも熱中症の危険にさらされると、身体はダメージを受け、血液や内臓に異変が起こる可能性があります。それは、一晩眠っても回復しません。ダメージから回復していなければ、翌日の練習開始後三〇分程度で熱中症を発症してしまいます。

⑥熱中症が発生しやすい時期は

・五月～六月（25℃～30℃）

前年に熱中症を発症していた人が熱中症になることが多い。

・八月（猛暑の時期：31℃～35℃以上）

熱中症の怖さを知らないで激しい練習をすると危険。

重症化、死亡事故につながることが多い。

・長時間練習や試合の翌日、合宿の二日目など命にかかわる重大事故につながることが多い。

◉『運動部活動の在り方に関する総合的なガイドライン』を遵守する

教育現場でも新たに事故を防止するためのガイドラインが設けられています。スポーツ庁『運動部活動の在り方に関する総合的なガイドライン』（二〇一八年三月）の五頁には、「適切な休養日等の設定」として下記の基準が記されています。これを遵守《じゅんしゅ》することも、熱中症防止に役立ちます。

・学期中は、週当たり二日以上の休養日を設ける。（平日は少なくとも一日、土曜日及び日曜日（以下「週末」という。）は少なくとも一日以上を休養日とする。週末に大会参加等で活動した場合は、休養日を他の日に振り替える。）
・長期休業中の休養日の設定は、学期中に準じた扱いを行う。また、生徒が十分な休養を取ることができるとともに、運動部活動以外にも多様な活動を行うことができるよう、ある程度長期の休養期間（オフシーズン）を設ける。
・一日の活動時間は、長くとも平日では二時間程度、学校の休業日（学期中の週末を含む）は三時間程度とし、できるだけ短時間に、合理的でかつ効率的・効果的な活動を行う。

試合の勝ち負けへのこだわりも必要かもしれませんが、子どもたちの命や未来を大切にするためにも、安全を最優先し、これからの熱中症予防につなげてください。

きょうのお話は、龍谷大学社会学部教授、田村公江さんとの共同研究をもとにまとめました。

・田村公江・重富秀由 2019「12歳の子どもが熱中症から脳梗塞を発症した事例の研究——部活指導のあり方という観点から」『龍谷大学社会学部紀要』第54号、pp.95-104

・田村公江・重富秀由 2020「運動部活動における熱中症から確実に子どもを守るには——W中学校でのインタビューから考える」『龍谷大学社会学部紀要』第57号、pp.15-32

参考文献

独立行政法人日本スポーツ振興センター 2014『「体育活動における熱中症予防」調査研究報告書』 https://www.jpnsport.go.jp/anzen/anzen_school/bousi_kenkyu/tabid/1729/Default.aspx（閲覧日二〇二〇年八月三〇日）

公益財団法人日本スポーツ協会〔ＪＳＰＯ〕『スポーツ活動中の熱中症予防ガイドブック』２０１９（令和元）年版 https://www.japan-sports.or.jp/Portals/0/data/supoken/doc/heatstroke/heatstroke_0531.pdf

厚労省「令和2年『ＳＴＯＰ！熱中症 クールワークキャンペーン』実施要項」（令和二年六月二二日改正） https://www.mhlw.go.jp/content/11200000/000642212.pdf（閲覧日二〇二〇年八月三〇日）

厚労省 リーフレット『ＳＴＯＰ！熱中症 令和2年5月〜クールワークキャンペーン——熱中症予防対策の徹底

を図る』https://www.mhlw.go.jp/content/11200000/000613019.pdf（閲覧日二〇二〇年八月三〇日）
田村公江・重富秀由 2020 研究ノート「運動部活動における熱中症防止マニュアル作成のための調査――W中学校のA先生へのインタビュー」、龍谷大学社会学部学会、『龍谷大学社会学部紀要』第56号、pp.52-59

第2部　スポーツと体罰

桜宮高校事件のあと、学校とスポーツ界の体罰防止はどこまで進んだか

島沢優子

2016年1月24日「桜宮高校事件から3年―その後、学校及びスポーツ界の体罰防止はどこまで進んだか?」より

東京からきた島沢です。ふだんは主に雑誌『AERA《アエラ》』(朝日新聞出版)で仕事をしています。この雑誌とウェブ関係の仕事をしながら、一年に二冊、本を出すことを目標にしています。

私は、二〇一四年一二月に『桜宮高校バスケット部体罰事件の真実――そして少年は死ぬことに決めた』という本を朝日新聞出版から出しました。二〇一二年一二月二三日、桜宮《さくらのみや》高校バスケット部のキャプテンをしていた高校二年生の男の子が、部顧問から体罰を受けて、自宅で自殺しました。彼が亡くなって二年、三回忌のころに出した本です。

その前には『サッカーで子どもをぐんぐん伸ばす11の魔法』(小学館、二〇〇八年)という池《いけ》上正《がみただし》さんの本を出しました。私が企画・構成をして、八万部ほど出ています。私は池上さんの本をいままでに六冊ほど出していますが、池上さんは、大阪体育大学を出て、大阪YMCAに二四年間在籍し、「少年サッカーの指導者の神」と呼ばれています。Jリーグで最年長のジュ

ニアサッカーコーチで、イビチャ・オシム監督のときに池上さんはジェフユナイテッド市原・千葉にいて、ジュニアの指導をしていました。二〇一五年には京都サンガF.C.の育成部部長になっています。池上さんの『叱らず、問いかける——子どもをぐんぐん伸ばす対話力』（廣済堂出版、二〇一三年）も支持されて、六刷ぐらいになっています。いまは大阪狭山市に住んでおられます。

私はここ数年、大阪と縁が深くなっています。関西テレビが製作し、二〇一五年二月に公開された映画『みんなの学校』に出てくる小学校の校長、木村泰子《きむらやすこ》先生に取材してつくった『「みんなの学校」が教えてくれたこと』（小学館）も二〇一五年九月に出版して、いま五刷になりました。

そんなことで、ここ何年かずっと大阪に通いつづけています。

少年サッカーの体罰

桜宮高校の体罰自殺事件からもう三年になりますが、日本サッカー協会に指導暴力に関する窓口ができました。そこにきた相談件数は二〇一四年度でおよそ二五〇件だったそうです。小中高のカテゴリーのなかで、いちばん有形暴力が多かったのが小学生でした。

協会の方の話では、おとなは子どもを自分の思いどおりに動かしたいという意識があり、一方で子どもは人権のことがわからず、コーチなどおとなの言うことがすべてなので、そういう事態が起こってしまいやすいということでした。さらに保護者が子どもに「監督の言うことを聞かないとレギュラーになれないよ」「もうチームに入ったんだから、ここは我慢しようよ」と言って、それを後押ししてしまいます。

相談にくるのは、だいたいレギュラーではない子だそうです。「もうそのチームにいられなくなってもいいや」という親の開き直った気分がそうさせるのかなと思います。ということは、ある程度プレーが認められて試合に出ている子たちは相談にこないので、暴力が表に出ないことになります。

どこのスポーツ団体も同じような状況で、東京都や大阪市の教育委員会も暴力事案を集計していますが、だんだん減ってきたとはいえ、暴力はまだ残っています。ということは、それは氷山の一角で、実際には何倍もあるだろうと考えられます。

『ＡＥＲＡ』で、大阪市の少年サッカーチームで体罰があったという記事を書きました。ある大きな大会で、コーチが子どもを集めて、空のペットボトルのふたで子どもの頭をガンガン殴っている動画が流出しました。試合に出られなかった子どもの親御さんが試合のときにカメラを回すので、試合と一緒に体罰の様子もそのまま撮っていました。そして、動画をネットに上げると同時に、体罰のあったチームを管轄する大阪のしかるべき機関に告発したようです。しかし、とくにその機関がチームの代表者にお話をされることはなかったみたいです。

YouTube《ユーチューブ》に動画を上げると、どんどんコピーされて、アッという間に広がっていきます。それで、コーチ本人の取材はできませんでしたが、当時のチーム代表や管轄地域のサッカー協会関係者のお話を聞きました。でも、彼らから「大変なことをしてしまった」という危機意識を個人的には感じることはできませんでした。「つい、若気の至りで手が出たんだと思う。厳重注意（の処分）をしました」という話でした。

この記事が載ると、編集部にそのサッカークラブの母親と名乗る方からすぐに連絡がありました。「ひどい内容だ。不登校だったうちの子は、コーチが一生懸命教えてくれて、学校に行くようになった。すごくいいコーチだ」みたいな電話でした。私の電話番号を伝えてもらい、その母親と直接、話をしました。

その方は、私にも「すごくいいコーチやのに」と言いました。私が「そうかもしれないけれども、たたいてやらせることに対して、それでいいと思っていますか」と聞くと、「たたかれることはいいとは思っていないけれども、それも愛情だと思う」と言います。「けれど、桜宮高校の子は追い詰められて亡くなりましたね」と、その方と一時間以上、電話で話しました。

そこでは納得してもらえないまま終わりましたが、一カ月ぐらいすると、その方から電話がかかってきて、「私が間違っていました」と言うのです。理由を聞くと、動画のときには、自分の息子ではなく、他の子がたたかれていたが、今度は自分の子がたたかれて、「鼓膜に傷がついて、短期間、難聴状態にもなって、耳鼻科に通っている。それまではいいコーチだと思って信頼していたのに、どつき回されて傷ついている」とのことです。

そのコーチは、サッカー協会から警告を受けて、代表者とともに「もう二度としません」と謝りましたが、その後も、子どもたちを送迎バスに乗せて帰る道すがら、森か空き地にバスを停《と》めて、カーテンを下ろして密室状態にして子どもを殴るということでした。

私は「それはもう改善できないので、チームを辞めたほうがいいですよ」と言いました。それでもその方は、「いやあ、もう年頭に一〇〇万円ぐらい払ったんですよ」と言うので、「お金のことを言っている場合じゃないですよ」という話をして、結局、その方はクラブを辞めました。

しかし、その方は、被害届を出すなどの告発もしないまま終わりました。それは、チームメイトがまだ残っているので、告発をすると、他の子どもたちやママ友との関係がむずかしくなるからです。それが二〇一三年の冬でした。

それから一年がたち、私が懇意にしている横浜の少年サッカークラブの方からきた年賀状に「大会で先日、大阪に行きました。例のコーチがまた殴っていました。何も変わりません」と書かれていました。

この問題は、一人をスケープゴートにして、その人の個人的な資質の問題にして済ませられる話ではありません。ですから、桜宮高校事件を風化させずに、どうやって指導暴力をなくしていくかは私の課題でもあります。

私にとっての桜宮高校事件

私の仕事には、人から「これを書いて」と言われてやる仕事と、「このテーマを書きたい、この人を書きたい」と思う仕事、そして「これは書かないとだめ」と思う仕事があります。ここ数年は、これを書いておかないといけないと思う仕事をしています。スポーツライターという肩書で、スポーツを題材にノンフィクションを書いていますが、もう五〇歳になっているので、あと何年、仕事ができるのかと、焦る気持ちがあります。

ここから桜宮高校事件の話になります。この話の多くは、学校の関係者と少年のご両親、そしてお兄さんの話をもとにしています。そのなかで、自殺した少年が書いた遺書や、家族が事件のあと一カ月ぐらい記してきた記録も見せてもらいました。

桜宮高校の部活動では、部員がそれぞれ記入するクラブノートが必須になっていますが、提出しても顧問たちは一カ月に一、二回しか見ませんし、コメントもほとんど付けていませんでした。したがって、一生懸命書く子もいれば、書かない子もいて、たぶんこの少年がいちばんたくさん書いていたと思います。一年半で八冊も書いていました。

ノートは一二月二〇日の木曜日で終わっています。顧問から暴行を受けたのが二二日で、亡くなったのは二三日ですが、二〇日の感想と反省のところに五行書いてあります。それまでこの子は感想・反省を一〇行とか二〇行書いているので、かなり少なくなっています。

ただ普通のことを書いています。たとえば、「ここ数日間の試合で、僕は集中力がないときに考えていないプレーをして失敗をしていた。自分がこうしようと考えて行うことや、その意志を持って実行することが大切。きれいごとを並べなくても、自分が思ったことを表現すればいい。ルーズボール、リバウンドは自分のものに。オフェンスもディフェンスもリズムを持って相手を欺くんだ」と、すごく前向きです。それなのに、三日後には亡くなりました。

いま裁判をやっています。学校やコーチが自殺を予測できたかどうかが焦点で争われていますが、そこを焦点にすること自体が、ちょっと違うんじゃないかと思います。

部活動における暴力の現状

この事件が起きて、文部科学大臣が「スポーツ指導における暴力根絶へ向けて」というメッセージを発表して、体罰防止ハンドブックを制作したり、各都道府県が体罰防止ガイドラインを定めたりしました。しかし、子どもの心や体を傷つけているおとなの心に手を突っ込んで、強引に矯正することはできません。

その後も、浜松日体高校のバレーボール部で体罰が発覚して、顧問が懲戒免職になりました。二〇一四年には、高校野球の強豪校の監督が練習中に一年生の男子部員の頭とほっぺたを殴り、さらに肋骨《ろっこつ》を折って、傷害容疑で逮捕されました。

おとなからの体罰は、部員間、子ども間のいじめにもつながります。暴力や相手の否定が日常的な空気のなかで行われて、それが当たり前になってしまうと、いじめが起きやすい状況になるのだと思います。

部員間のいじめがいちばん多い競技が野球です。野球は、職業として子どもたちがめざすところも大きく、動くお金も大きい。さらに、ポジションが具体的に決まっています。二塁の三年生は、二塁の二年生と一年生が出てこなければ、ずっと二塁手でいられます。もちろん、子どもが全員そう思っているとは思いませんが、嫉妬ややっかみが出てきやすいといえます。強豪校でも気を使って、スタッフを増やしたり、ケアはいろいろしているようですが、なかなかむずかしいようです。

つい最近もこんなことがありました。甲子園の常連でも何でもない学校に優秀な一年生が入ってきた。すると、五月にはその子の携帯がなくなり、六月には制服を焼かれ、七月にはスパイクがなくなった。そういうことが起きても、学校の先生にはなかなか真摯に受け取ってもらえない。自分で防衛するしかなく、彼はわざとミスをして、レギュラーに選ばれないようにしました。自分をいじめる先輩が三年生だったので、一年間、自分が試合に出ないでおとなしくしていれば、いじめられないと思ったのです。

これは私のサイトにきた相談でした。母親から「どうすればいいでしょうか」と言われても、私は「もう部活を辞めましょうよ」としか言えません。「そんなことがあったところで、何か成長ができますか。学校に行く、学ぶ、スポーツをやるのは、何か成長を求めているからでしょう。自分がここで伸びる、人間的にも進化できるというところを探したほうがいいんじゃないですか」という話をしました。その子はその後、公立高校に転校しました。

高野連が二〇一四年、全国の関連校四〇三二校にアンケート調査をしたところ、「体罰が必要」と答えた指導者が一割いました。およそ四〇〇校でまだ体罰があるということです。だから「まだあそこは体罰をやっているからね」というような話は、いろんなところで聞きます。日本バスケットボール協会が二〇一三年にアンケートをして、七割近くが回答しました。「今後、暴力行為等を一切行わない」という誓約書に多くが「イエス」と答えたのですが、一〇〇人近くがそれを拒否しています。つまり、おとながまだ「子どもをたたくかどうか、ぼくはわからない」という状態だということです。そんなところに子どもを預ける親がいて、そのなかで子どもがスポーツにとりくんでいます。競技団体や学校も講習会を開いたり、怒りを静める方法などを広めたりしていますが、なかなかその人たちの意識は変わりません。

なぜ指導者は暴力を振るうのか

教師であれ指導者であれ、なぜ子どもに暴力を働いてしまうのでしょうか。

児童虐待の専門家は、「おとなが自分のなかに無力感を抱えているのではないか」と言います。たとえば、指導者なら、「自分はスポーツの指導をしているけれども、選手のときに華々しい活躍はできていない」という劣等感がある。教員であれば、「こういう指導をしたいんだけど、子どもが言うことを聞かない。それに対して自分は何もできない」みたいな無力感がある。一方で、「自分は何々大学を出ているから」というような根拠のない有能感もあって、無力感を解消して有能感をもちつづけるために、部活動や学校で子どもに理不尽な行動をしてしまうということです。

自分が教員だというだけで、指示、命令をする。「これができないおまえはだめな人間だ。死んでしまえ」といった暴言を吐き、そうすることで自分を保つ。あるいは、子どもをたたいたりして言うことを聞かせて、子どもの成績が上がったり、よい結果を得られることが、自分の自己実現に結び付いていく。そんな心のメカニズムがあるように思います。

また、さきほど小学生で体罰が多いという話をしましたが、その背景には、自分の子どもの輝いている姿だけを見たい保護者がいると思います。

桜宮高校事件のあとに、私はミニバスケットと小学生サッカー、少年野球と少女バレー、テニスの取材をしましたが、どのスポーツの指導者も「親が問題だ」と言います。自分たちはそういうこと（暴力指導）はもうやめたいけれども、親たちが「コーチ、うちの子だけはたたいていいですよ」「たたいても、引っ張り回してもいいから、とにかく強くしてください」「うまくしてください」と言うそうです。「親御さんたちの意識を変えないと、若いコーチは引っ張られちゃうんですよ」とベテランの方が言っていました。

子どもに強い態度で臨む指導者と同じように、保護者にも無力感があって、強い自分を取り戻したくて、子どもに期待をかけてしまうという問題があるのかなと思いました。最初は期待どおり育つかもしれませんが、中学、高校と進めば競争が厳しくなって、それが長く続くのはむずかしい。スポーツでも学業でも、道は狭まっていきます。「ふるい落とされたら負け組」と子どもを圧迫するようなことが日常的に言われる社会で、子どももおとなも翻弄されてしまっているのではないかと思います。

保護者は、「私たちのときは、親からがんばれ、がんばれと言われて、がんばった」と言います。「いまは子どもは褒めて育てろと言うけれども、それだけで育つのか」と疑問に思っています。私はその人たちの子どもを思い浮かべながら、「どうなっちゃうのかな」と危機感に襲われます。高度成長期には、私たちの親も私たちも、いけいけどんどんで生きてきたと思いますが、いまは経済的にも落ちてきて、当時の価値観が残っていても、状況はぜんぜん違うので、子どもたちが苦しんでいるのかなと思います。

煽《あお》られても、期待をかけられて大変な思いをしても、私たちが子どものときは、地域の人がいたり、おじいちゃんやおばあちゃんがいて、逃げ込む場所があったと思います。ですが、いまの子どもたちは核家族で、地域も失われ、学校に行くと競争で、先生からも結果を出すことを強いられて、逃げ場がありません。安心して過ごせる場所がないと思います。

家庭環境という問題

これはむずかしい問題で言いづらいのですが、この会場にくる前に、小学生のお子さんに自殺されてしまったお父さんの取材をしてきました。外的な要因でその子は亡くなったことになっていますが、お父さんお一人だけが自分の家に問題があったんじゃないかと、すごく苦しまれています。

なぜかというと、まず、夫婦仲がうまくいっていませんでした。それから、私立に行って、いい高校、いい大学に行くことを望んでいる家族のなかで、お父さんは別の価値観をもっていたけれども、おとなのなかでコンセンサスを得られませんでした。子どもがおとなの顔色をうかがいながら生きてきた部分もあって、不登校になったときには、おじいちゃんがお父さんに「君の遺伝子のせいだ」と言ったそうです。そのようなむずかしい家庭環境のなかで、その子は亡くなってしまいました。

やはり子どもは、安心できる環境でないと成長や進化ができないと思います。その子もたぶん、何が不安なのかわからないけれども、いつもお父さんとお母さんは怖い顔をしていて、だれかが家のなかでけんかをしている。そんな空気のなかで生きていかなければならないので、心が萎えてしまったところがあると思います。

私は、スポーツや教育をずっと取材してきましたが、いちばん付き合いが多いのが臨床心理士や思春期外来の先生です。この方たちは、子どもを進化させたり教育するには、不安な状況にさせないことが大切だと言います。そして、暴力や暴言はその対極にあります。にもかかわらず、「厳しくしなきゃ」とか「たまにはげんこつの一個も」という人がいて、なかなか体罰神話から逃れられていないという気がしています。

脳科学からみた指導者の暴力

私は、部活指導をしている先生や、サッカーや野球のコーチに呼ばれて話をすることがよくあります。その人たちは「脳科学の見地から教育効果を考えるお話を聞くと、ストンと腹落ちする」と言います。私がいままで脳科学関係の方に取材をしてきたなかで、みなさんにもっとも紹介したい方が、諏訪《すわ》東京理科大学の篠原菊紀《しのはらきくのり》先生です。すごくユニークな先生で、『「しなやか脳」でストレスを消す技術』（幻冬舎、二〇一二年）という本も出しています。

篠原先生は、学習法について「一発学習」と「強化学習」という話をされます。一発学習というのは、たとえば、子どもがヒュッと飛び出して交通事故に遭いそうになったとき、親がとっさに「何をやっているの」とバシッとやるようなことで、これはあってしかるべきと言います。怖い思いをしたけど心に残るので、ものすごく教育効果があります。しかし、これは一発で、そのことだけがわかればよくて、継続的にすることではありません。

強化学習というのは、褒めたり認めてあげたりすること、これにプラスして、スモールステップです。ほんの少しの変化を褒めたり認めてあげたりすると、子どもはひとつずつステップを踏んで自己肯定感を高めていくので、意欲的にもなるし、学習効果が継続します。学習効果が高くて強化できるから、強化学習だそうです。

脳には線条体という部位があって、それを刺激すると意欲が高まるそうです。線条体は、褒めたり、気持ちよくさせたり、安心させたり、リラックスさせたりすることで刺激され、脳内物質が出て学習効果が高まります。逆に、「何をやってんだ」と叱ったり、暴力を振るったり、「これをやらないと一〇〇周だ」と脅したりすると、線条体は動きを止めてしまいます。要するに恐怖と不安に落としていくと、学習効果はまったくなくなってしまうのです。

私たちはいままで「勉強しろ」とか「走れ」とか言われながら成長してきましたが、実は、それを言われたから学習効果が高まって、「バスケットボールが上手になりました」とか「東大に入りました」ということではありません。そういった働きかけの隙間で、自分なりに目標をもったり、工夫をしたりしたことが、何かしら強化学習の要素をもっていたのではないかとおっしゃいます。

篠原先生によれば、人間にはもともと攻撃的にもなるホルモンがあるが、それを理性で抑えながら進化してきたそうです。私は先生に「じゃあ、ずっと殴っている人はサルなんですか」と聞くと、「そうだよ。サル、サル」とおっしゃっていました。

さらに篠原先生は、日本人の脳は世界でも類を見ないほど不安になりやすい特性があるとおっしゃっていました。それで、ちょっとしたことでうつになったりします。若年層で、いじめなどに悩んで自殺する子は、世界ではわりと少ないようです。欧米の若者で自殺する子は、「ぼくは何で生まれてきたんだろう」とか「いつかあの星のようになってしまうのに」みたいな、人生への悩みや宇宙の壮大さへの絶望から亡くなるケースが多いらしいです。

メンタルトレーニングの拡大

日本人の脳を考えたとき、オリンピックの日本人選手のことが思い浮かびました。世界選手権で金メダルを取ったり、プレオリンピックでいい成績を残しても、本番になると奮わないという歴史がずっとありました。それがロンドンオリンピック（二〇一二年）ぐらいから少しずつ解消されてきています。報道を見ても、私自身が取材していても思いますが、「緊張感を楽しみたい」とか「競技を楽しみたい」とコメントする選手がすごく増えました。

今回（二〇一五年）、ラグビーのワールドカップで、エディー・ジョーンズ・ヘッドコーチは荒木香織《あらきかおり》さん（現・順天堂大学客員教授）を日本代表チームのメンタルコーチとして連れていきました。サッカー日本代表などもメンタルトレーニングを受けたりはしますが、ワールドカップやアジア予選にメンタルコーチを連れていくことはありませんでした。だから、これは日本でたぶん初めてのケースだと思います。それで、ああいう結果（優勝候補の南アに勝利）が生まれました。少しずつ日本人にもそんな発想が出てきたのかなと思います。

海外では、もう二十数年前にアメリカのメジャーリーグの投手は、登板前にメンタルコーチとピッチングのイメージトレーニングをしていました。メジャーでやって成功しているので、他のスポーツや他の分野でも心理的なことを勉強して取り入れていったのだと思います。

女子サッカー・ワールドカップ第二回大会がスウェーデンで一九九五年に行われて、私は取材に行きました。澤穂希《さわほまれ》さんがまだ一六歳だったと思います。そのときに日本と当たったブラジル代表は、臨床心理士を帯同していました。日本が心や脳を学ぶことをおろそかにしているあいだに、他の国はしっかり積み上げてきたのではないかと思います。教育の世界ではフィンランドの教育が注目されていますが、日本では教育界でもスポーツ界でも心理学や脳科学の成果をきちんと取り入れてきませんでした。そして、おとなの経験則とか、すごく狭い個人的な体験だけにもとづいて「学級王国」をつくる担任や「チーム王国」をつくるコーチがいて、誤った指導が行われてきたのだと思っています。

暴力と決別した指導① 大阪ＹＭＣＡの池上正さん

さきほど紹介した池上正さんは、自分の体験をふまえ、きちんとエビデンスをつくって、いい方向にサッカー指導をしています。もちろん、教育界にもそういう先生はたくさんおられると思いますが、なかなか広がってきませんでした。ですから、そういうところを紹介します。

池上さんは、大阪体育大学を出て、大阪ＹＭＣＡでコーチとして子どもたちにサッカーを教えていました。もともと彼は温厚な方ですが、一九七〇年代なので、まわりのコーチが殴ったり蹴ったりして指導するなかで、自分もたまにゴツンみたいなことをやっていました。ある日、池上さんは、自分が期待していた小学六年生の子が一生懸命とりくまないので、ほっぺをパチンとやりました。すると、その子が怒って、「こんなチーム、辞めてやる」と帰ってしまいました。しかし池上さんは「自分とあの子には信頼関係がある。戻ってくるに決まっている」と高をくくっていたそうです。ところが、ずっと練習にこないなと思っていたら、二週間後、その子は別のチームのユニホームを着て、試合に出ていました。それを見てショックを受けた池上さんは、それから自分の指導を見直し、何がいけなかったのかを考えました。

また、池上さんが妻とちょっとけんかになったことがありました。文句を言われて池上さんが「うるさい」と言うと、妻は「あなたは、うるさいと言って怒鳴れば私が黙ると思っているのね」と言ったそうです。池上さんはそのとき、ハッとします。「自分は子どもと対等な関係を結んでいなかった。いまの妻と自分と同じじゃないか」と思って、いろんなことを見直したそうです。

そのとき、海外で推奨されている子育てメソッドに出合って勉強し、指導を変えました。そして、二〇代の後半ぐらいから彼はいっさい子どもをたたかなくなりました。それどころか、いっさい叱らなくなりました。だから、彼はもう二十数年、子どもを叱ることもしていません。

「叱らないで、どうやって指導ができるんですか。よく我慢できますね。もう感情を抑えられないですよ」と他のコーチから言われますが、感情を抑えないといけないと思っているあいだは、抜本的な解決になっていないのです。

たとえば、子育てで感情的になって、叱りたくなったり、一発殴りたくなるのは、子どもが自分の思うとおりに動かなかったときです。そんなとき、池上さんは「いま、こうなっているけど、この子をいい方向に向けるにはどうしたらいいのかな」と考えるそうです。

私が池上さんと出会ったとき、子どもは小学校一年生と三年生でした。毎日、叱ったり、頭をたたいたりしていました。けれども、池上さんの話を聞いてからは、叱りたくなったときに「ああ、どうやったらこの子がよくなるかな」と考えて、「いまは叱らないでおこう」「いまは何も言わないでおこう」と思うようになりました。それを池上さんに言うと、「それでいいんだよ」と言われました。

「子どもは、自分が何か悪いことをして、目の前のおとなが不快な思いをしているのはわかっている。わかっているのにそれをしたくなるという、自分のわがままや弱い部分がある。でも、おとながそれを黙って何も言わなかったら、子どもなりに何か考えるはずだよ」と。そのあとで、「あのとき、こうだったけど、どうしたらいいと思う」と子どもと話をしていけばいいということでした。

そんなことをまとめたのが『サッカーで子どもをぐんぐん伸ばす11の魔法』です。魔法というよりも、子どもに対するおとなの態度のことですが、ひとつめが「肯定する」こと、ふたつめが「上達をさせる」こと、三つめが「楽しませる」こと。そして、「気付かせる」「考えさせる」「進化をする」。さらに「夢を持たせる」「余裕を持たせる」「自立をさせる」。魔法の一〇個めは、チームでも学級でもそうですが、「輪をつくる」。最後に「問いかける」ことです。わかりやすかったこともあって、みなさんに読んでいただけました（二〇一三年末で八万部）。

『「みんなの学校」が教えてくれたこと』の木村泰子先生と池上さんの言っていることはすご

く似ています。「対等な関係を築けないと、本当の学びは生まれない」とか「子どもをフラットな目でおとなが見ないと、その子は本当には成長しない」と、同じことをおっしゃいます。そこから考えると、本質はひとつだと思います。子どもを不安がらせたり、煽るのではなく、まずは安心させ、心地よくさせることで、子どもがみずから歩んでいく。その後ろ姿を見ながら支えていくのが、おとなの役目なのかなと思います。

暴力と決別した指導法② 錦織圭のコーチ、柏井正樹さん

いま錦織圭《にしこりけい》のコーチの本を制作しています。錦織圭は島根県松江市出身ですが、松江市はテニス人口が少なく、「テニス不毛の地」と言われていました。それなのに錦織が出てきたということで、そのコーチの本を書いています。

錦織圭のコーチは柏井正樹《かしわいまさき》さんです。錦織は子どものときから天才で、ボールセンスとゲームセンスがすごかったそうです。ボールセンスとは、回転、スピード、角度などが違ういろんなボールを取捨選択して、ちょうどいいときに打てる能力。ゲームセンスとは、いま相手がどんな状況なのかを見て、心理を読んで、ネットに出るサーブアンドボレーをするか、長いストロークで疲れさせて嫌になるのを待つかとか、いろんな戦法をやっていく能力です。このふた

つに長《た》けていたそうです。どちらかひとつをもっている子は多いのですが、最初からふたつもっていると、成長の速度が違います。

柏井さんは、「ぼくは圭には何もしていないんですよ。ぼくが唯一誇りうるのは、錦織圭をつぶさなかったことだけです」と言っていました。この「つぶさない」というのは、簡単そうに見えて、すごくむずかしいことだと思います。子育てでも、スポーツの現場でも、いろんなおとなが「子どもをつぶしちゃったんですよ」とか「うちの子をつぶしたのは私かな」とか言ったりします。どうしたらつぶさなくて済むかを考えたときには、ここに帰っていきます。

錦織圭まではいかなくても、いいものをもっていたり、成績がよかったり、駆けっこが速かったりすると、学校の先生や親など、まわりのおとながいだく期待が重すぎて、子どもがつぶされていくこともあると思います。期待をかけるのは悪いことではありませんが、まずは、期待を力にできる子どもに育てなければなりません。そのために大切なことは、自己肯定感や自尊感情です。「自分は大丈夫」「できるんだ」と思えることを積み上げていくこと。小さいときから安心できる状況でやる気を引き出して、問いかけ、考えさせていくなかで、子どもはすくすくと伸びていくと思いました。

桜宮事件のその後

結論として、いい指導者、いい教師は体罰をしないということです。

しかし、「子どもに問いかけて、自尊感情を引き出して育てるんだ」と、私たちがいくら言ったり書いたりしても、それだけでは暴力的な指導をする人を改善することはできないと思います。そんな言葉をヒントにその人が考えて、実生活のなかで何か叱りたいと思ったときに感情を抑えて冷静になると、子どもが自分で考えて変わったりすることがある。そこで「こうしたら子どもは伸びるんだ」という手ごたえを実際に得ていく。そういう経験をして、その人が自分のなかで工夫をしはじめる。そういったことでしか変われないと思っています。

「全員を東大に行かせました」など、いろんな成功例とその方法を書いた書籍があったりします。でも、そのやり方がその人たちには合っていたかもしれませんが、万人に合うものではありません。また、いま東大に行っている人たちが、一〇年後、二〇年後にどんなおとなになるかはわかりません。子どもを育てるということは、その子がいくつになったら答えが出るのか、わからないものだと思います。

桜宮高校事件があって、スポーツ界や教育界で少しずつ変わってきている部分があります。

まわりの人たちも、反省したり、反省できなかったりで、おとなもほんとうにさまざまだと思います。今後、桜宮高校がどうなっていくのか、私にはわかりません。

その子が亡くなって一年後に、同級生だった三年生が卒業しました。私が残念だなと思ったのは、卒業式では担任の先生がクラスの子を出席簿順に呼んでいくことになっていて、彼のクラスの子たちが、彼の名前を呼んで、みんなで返事をしたいと言ったのに、学校が「それはだめだ」と禁じたことです。理由は「その子だけの卒業式ではない」ということでした。それで担任の先生は、本来ならその子の名前を呼ぶところで三秒ぐらい黙ったそうです。先生は心のなかで彼の名前を呼んで、子どもたちは心のなかで「はい」と返事をして、彼を卒業させました。

彼のお父さんとお母さんのもとには、教育委員会の方が卒業証書を持っていって読み、渡しました。卒業証書は小さいお仏壇に飾られていました。

そういったことを『桜宮高校バスケット部体罰事件の真実』で掘り下げましたが、周囲の方々が事件をほんとうに受け止めているのだろうかと私は少し懐疑的です。顧問の教師は何を反省材料にし、教え子の自死をどう受け止めているのかなど、まだ見えてきません。とにかく事件を風化させないことが重要だと感じています。

引用文献

池上正 2008『サッカーで子どもをぐんぐん伸ばす11の魔法』小学館
島沢優子 2014『桜宮高校バスケット部体罰事件の真実――そして少年は死ぬことに決めた』朝日新聞出版
篠原菊紀 2012『「しなやか脳」でストレスを消す技術』幻冬舎

スポーツと体罰の関係史
高校・大学野球を中心に

中村哲也

2016年7月31日
「スポーツと体罰の関係史―
高校・大学野球を中心に」より

自己紹介

みなさん、こんにちは。高知大学の中村といいます。きょうは、私の研究テーマである日本スポーツ界の体罰問題について、高校・大学野球を中心にお話をさせていただこうと思います。最初に、自己紹介をさせていただきます。私は、小学校から大学まで野球部にいて、選手として一四、一五年ぐらいプレーしていました。選手としてはぜんぜんダメで、甲子園《こうしえん》にも神宮《じんぐう》にも出ることのない平凡なプレーヤーでした。

出身高校は、大阪の明星《めいせい》高校です。古い野球ファンの人はご存じかもしれませんが、一九六三年の夏の甲子園に優勝するなど、春・夏一二回、甲子園に行っています。

大学は京都府立大学で、その後、一橋《ひとつばし》大学の大学院に行きました。二〇一三年から早稲田《わせだ》大学スポーツ科学部で働いて、いま高知大学にいます。専門はスポーツ史、スポーツ社会学で、野球の歴史をメインに研究しています。

スポーツ界の体罰はいつ始まったのか

日本のスポーツで体罰があるのは、みなさんご存じですが、そのなかでもおそらく、野球と相撲はとくにひどいと思われている方が多いと思います。その野球界の体罰というのは、いつごろ始まったのでしょうか。

イメージとして、野球は昔から体罰があると思われていると思いますが、野球が日本に伝わった明治時代は、体罰なく普通にプレーをしていました。一八七二年に野球が日本に伝わり、その後、旧制高校を中心に普及していきました。一九〇四年から早慶戦が始まっていますが、一九〇六年には応援が過熱して、試合が中止になる事件が起きました。

明治の半ばから後半には、けっこう野球を一生懸命やるようになっていましたが、そのころから体罰が行われていたかというと、必ずしもそうではなかった。たとえば明治の後半に、日本で最強の野球チームは旧制第一高校でした。いまの東京大学にあたる学校です。東大の野球部はあまり強いとはいえませんが、明治の後期の一高は非常に強かった。「一高時代」とよばれる約一〇年間に七五試合六四勝一一敗という結果を残しています。日本初の野球の国際試合をして、それに勝ったのも一高でした。

一高の野球部では、体罰はほとんどなかった。この「ほとんど」というのは、厳密にゼロと証明するのはむずかしくて、そこまでは言い切れないかもしれませんが、おそらくなかった、ということです。

その理由はいくつかあります。まずひとつは、当時の一高野球部は部員は九人か一〇人しかいなかった。校内大会で、寮とか、フランス語専攻とか、英語チームとか、いろんなチームをつくって野球をやって、そのなかで活躍して選ばれた選手たちが、学校を代表する野球部として活動していた。その選手たちは、小さなチームを代表して学校を代表する選手になっていたので、比較的お互いを尊重し合うような平等な関係であったと思われます。

ふたつめは、当時の一高は、同学年のあいだでも年齢差が大きい学校でした。一高の入試がすごくむずかしくて、一浪、二浪は当たり前で、四浪、五浪して入ってくるような人もいました。だから同じ学年でも年齢がかなり違う。同じ学年に何歳も年上の人がいることが普通にあって、学年が上だから年上、学年が下だから年下というわけでもなかった。

三つめは、一高はいまの東大にあたるエリート校なので、スポーツ以上に勉強が重要でした。

一高の選手は、スポーツを一生懸命やってはいたけれども、将来は官僚になったり、国会議員になったり、大学の教員になったりしていた。社会的にかなり上の立場になることは確実だったし、勉強をサボるとすぐ落第して留年するようなシステムだったので、学生にとって勉強は非常に重要でした。

そして四つめは、当時はプロ野球もないし、野球がうまくても進学や就職もできなかった。そのため学生たちは、野球以上に勉強をがんばっていました。そういう環境だったので、殴ったり、殴られたりしてまで野球をする、野球をさせることはありませんでした。

ただし、さきほど「ほとんどなかった」という言い方をしたように、一高野球部のなかで体罰が禁止されていたかというと、必ずしもそうではない。たとえば守山恒太郎《もりやまつねたろう》という一高の有名な投手は、『野球之友』という本のなかで、「野球部員であっても素行が悪く、何回注意しても反省しない選手は、最後に鉄拳制裁してやめさせる」ということを言っています。

ただし、実際に殴って辞めさせられた人がいたかどうかはわかりません。事例として見つけられていません。たとえ殴ったとしても、野球のうまい下手ではなくて、素行が悪かったときに限られていたので、体罰があったとしても非常に限定的だったと思います。

それからもうひとつ、だんだん野球を一生懸命やるようにはなっていましたが、その後の時代と比べると、練習の仕方はまだまだ牧歌的でした。たとえば、一九〇四年の早稲田大学の野球部の合宿の様子は、次のようなものでした。一九〇四年というのは、一高が早稲田と慶應《けいおう》の両方に負けて、一高時代が終わり、早慶がその後トップになる節目の年です。そのときの野球部の練習が、「練習は苦しいながらも、実に面白い練習だった」とか、昼飯後に昼寝をして午後三時ごろから「てくてく出掛けて練習」をして午後七時ごろに帰ってくる、というような感じでした。

体罰の発生

こうした状況が変わって、次第に野球部内で体罰が発生するようになっていきます。私が見つけた最初の体罰は、一九二〇年代前半の早稲田大学野球部で、初代監督の飛田穂洲《とびたすいしゅう》という人が行ったものです。飛田がノックをしていたときに、あんまり内野の人が苦しめられるので、キャッチャーの人が球を渡すのをゆっくりとしたところ、これを知った飛田監督から「貴様はずるいぞ」と言われて、ノックバットで殴られたそうです。

一九三〇年代前半の慶應野球部でも、バント練習に失敗すると監督から「何年野球をしているのか、この素人《しろうと》め」と言われて、ノックバットで向こうずねをぽかりとやられる。一九四〇年代の明治大学では、練習後に寮内で上級生が「俺の部屋まで来い」と怒鳴っているので、下級生があわてて駆けつけると、酒気を帯びた上級生から「おまえら一年のくせに生意気だ」と言われて、横一列に並ばされて次々にびんたを張られたそうです。

一九四二年の法政大学でも、下級生の部員が夜に寮の炊事場に忍び込んでおにぎりをつくって食べたらそれがばれて、上級生の人たちに袋だたきにされたそうです。このように、一九二〇年代から四〇年代には、大学野球部内で体罰が行われるようになっていきました。

これは、大学野球部だけにはとどまりませんでした。たとえば一九三一年の広島商業の事例です。鶴岡一人《つるおかかずと》（のちにプロ野球南海の選手・監督）が選手だったときに、大会前の練習でプレーがさえないため、監督が二塁手に「鶴岡を殴れ」と命じて、二塁手から殴られた。

さらに、小学校の野球部でも体罰が行われるようになった。川上哲治《かわかみてつはる》（のちに巨人の選手・監督）が小学生のとき、一生懸命投球練習をしていた。しかし、コントロールが狂うと野球のコーチをしていた先生からげんこつをもらう。それが一日に三〇回から四〇回もあったそうです。このように、大学だけではなく、中等学校や小学校でも野球選手に体罰が行われるようになったわけです。

競技レベルの上昇

このように一九二〇年代から四〇年代に野球部で体罰が行われるようになったのは、なぜでしょうか。まずひとつめに重要なのは、野球の競技レベルが大きく上昇したことです。一九一四年に東京六大学野球リーグの前身となる三大学リーグが始まり、一九一五年にいまの夏の甲子園（全国中等学校優勝野球大会）が始まりました。全国的な大会やリーグ戦ができてから数年たつと、どんどん競技のレベルが上がっていった。

ふたつめは、そうした大会ができたことで選手数も増加した。一九一五年に夏の甲子園が始まったとき、参加校は全国で七二校しかありませんでした。しかし、一九三五年には六〇〇校以上と、二〇年間で約一〇倍も参加校が増えました。当然ですが、参加校が増えると、勝つことがむずかしくなる。勝つために一生懸命練習することが日常になり、競技レベルがさらに上がりました。さらに、大学で野球をやるだけではなくて、その下の中学校でやったり、小学校でやったりと、選手の競技の経験年数も長くなっていった。

三つめに、野球による進学や就職が可能になった。私が知っている進学の最初の例は、一九二〇年代に浜崎真二《はまざきしんじ》という選手が、神戸商業から慶應大学に行ったものです。就職についていえば、日本初のプロ野球チームができたのは一九二〇年で、いまのプロ野球につながる巨人ができたのは一九三四年です。一九二〇年代から三〇年代にかけて、野球がうまいと上級の学校に進学できたり、それを仕事にすることが可能になっていきました。

そうしたなかで、野球の競技レベルが非常に高くなっていった。たとえば、東京六大学の一試合あたりの平均のエラー数を見ると、一九一六年は一試合平均で六個ぐらいありました。いまの高校野球でいうと、甲子園に出るようなレベルでは考えられないほどエラーが多い。それが一九三〇年代になると、一試合平均のエラーの数は二個ぐらいに減り、一九四〇年ぐらいになると、一試合にひとつぐらいまで下がっていきます。それぐらいのレベルまで守備が上達したわけです。

では、こうした野球のレベルの上昇が、野球部の活動にどういう影響を与えたのかというと、まずひとつは練習の激化です。さきほど、一九〇四年の早稲田の野球部の練習は牧歌的と言いましたが、それから一五年後の一九二〇年の明治の野球部の練習は、ノックの様子を見た野球専門誌の記者が「その激烈な練習ぶりに驚かされた。本当に火のような練習とはこのことだ」と書いています。一九二〇年には、野球専門誌の記者が驚くぐらい激しい練習が行われるようになっていた。同じように一九三〇年代の慶應のエース宮武三郎《みやたけさぶろう》は、平素から三〇〇球、四〇〇球のピッチングをしていた、とたくさん投球練習をするようになっていた。

競技レベルが高くなるということは、練習が非常に激しくなるだけでなく、それが長時間化・日常化する。そういう練習をしていかないと、高い競技レベルに追いつかないし、そうした人たちとの試合に勝つことができなくなるからです。

縦型の組織編制

試合に勝つために、監督も普及しました。さきほど出てきた早稲田の飛田穂洲が、一九二〇年に日本ではじめての専任監督、つまり仕事をせずにずっとチームに一緒にいる監督になった。その後、一九二三年に明治、一九二四年に法政、一九二五年に慶應と東大、一九二九年に立教と、六大学全部のチームに監督が置かれました。

六大学で最後に監督を置いた立教の選手は、ふだんから練習を見てもらって、技術的なアドバイスを受けると技術の進歩も早いし、試合で作戦を考えてもらって試合に勝てるようになるから監督が欲しい、と言っています。こうした理由から、監督が普及していきました。

一九一〇年代から四〇年代にかけて、部員数も増加しました。東京六大学各校の野球部は、一九〇〇年代は一〇人ぐらいだったんですけれども、それが三〇人から四〇人ぐらいになりました。いちばん多い明治大学では四〇人から五〇人の部員を常時かかえているようになっていました。それぐらい部員が多くなると、レギュラーの選手だけではなくて、補欠も出てくるようになりました。部員たちが、野球の実力によって階層的に分けられていくようになるわけです。

たとえば一九二六年の法政大学では、野球部に入ったけれども新人選手は打撃練習もさせてもらえず、球場脇の電車の線路に出て、先輩の打ったファウルボール拾いや打撃投手を務めた。練習のメインは先輩で、新人はバッティングができなくて、球拾いと守備だけになりました。

こうした選手の待遇の違いというか、レギュラーと控え選手の練習の違いは、競技レベルが高くなるなかで、いかにして試合に勝つかというところから生まれていった。試合に勝つために、レギュラーが中心になって試合や練習を行い、それに入れない選手はなるべくレギュラーの手伝いをしたり、補助的な仕事をしたりするようになっていったわけです。

そうした待遇の違いというのは、野球の実力にもとづいて行われるので、部内での競争は非常に激しかった。たとえば一九二〇年代の明治の野球部では、守備力、とくに肩が弱くてレギュラーには勝てないから、野球をやめて高等文官試験を受ける、と野球部から消えていった人もいたそうです。レギュラー争いに負けて野球を辞める選手も出てくるわけですね。

競技レベルの上昇に伴って、激しい練習、部内の競争、レギュラーと補欠の役割分担、監督の設置というような、野球部の活動と組織にさまざまな変化が起こりました。こうした、もろもろの変化のなかで監督、レギュラー、控えというようなヒエラルキーが部のなかにできました。一高時代の部員がみんな平等という組織とは違って、監督がいちばんトップにいて、それからレギュラーや上級生がいて、その下に下級生、控えという縦型の組織になりました。競技レベルが上がっていくなかで、試合に勝つことを目的にして、そうした体制がつくられていったわけです。

一高時代は、野球を一生懸命やったとしても、それはその場限りのことで、将来に影響しない余暇、娯楽でしたが、一九二〇年代から三〇年代になると、その試合に勝つかどうかがその人の将来を左右する、一生の仕事が決まるような厳しい競争の世界、選抜の世界に変わっていきました。そして、こうした野球をとりまく世界の変化のなかで、体罰は発生するようになったわけです。

まとめると、競技レベルが上昇するなかで、対外試合に勝利するためにピラミッド型の組織ができる。そうすると指導者や選手の上下関係が固定化する。最初、上下関係は野球の試合に勝つため、野球が上手になるためという目的がありますが、次第に野球とは関係ない、日常生活の上下関係にまでつながっていく。そしてその固定的な上下関係のなかで、体罰が行使されるようになっていきました。

体罰の目的

このように、野球部内の体罰は、野球をとりまく社会状況と野球部内の変化が、非常に密接につながって発生するようになった。ただ、体罰の目的からいうと、監督から選手への体罰と、上級生から下級生への体罰というのは異なっています。監督から選手への体罰のいちばん大きな目的は、技術の向上です。簡単にいうと、試合に勝つために殴ったり蹴ったりするということです。選手が辛《つら》くて耐えられないようなハードな練習を課し、さらに体罰を加えることで、練習の強度を上げる。あるいは、気の緩んだ選手に体罰を加えて効率的に練習する。もうひとつは制裁で、部内の規則とか秩序を乱したものに対して罰として体罰を加えるということです。

もちろん、体罰を用いた指導や規律の徹底は、長期的に見て悪影響が大きいことがわかっていますが、体罰を行使したその瞬間だけ、短期的に効果があるように見えることから、指導者によって行われるようになりました。

一方で、上級生から下級生への体罰には、技術の上達という面はありません。選手同士は競争をしていて、上級生は下級生がうまくなっては困るからです。それよりも、部内の規則や秩序を、形成したり強化したりするために体罰をする。ルール違反をしたとか、後輩のくせに生意気だという理由です。その一方で、あまり目的のない体罰もあります。たとえばさっき事例にあげたような、下級生全員を集めて「おまえら一列にそこへ並べ」と言って、関係ある人もない人もびんたしていくというような事例とか。ただおもしろがっているとしか思えないような体罰の事例がたくさんあります。そうした体罰が行使されるのも、上級生から下級生への体罰の特徴だと思います。

こうした体罰がなぜ起こるのかということについて、M.Pate と L.Gould が書いた『Corporal Punishment Around the World』という本で理論的にまとめられています。彼らは「体罰には、罪と罰の体系とは別の意図が存在する」と言っています。つまり、社会集団にはその集団の内部でのみ通用する規則とか慣習などがあります。野球部の場合でいうと、試合に勝つために決められたチームの決まりとか、門限が何時とか、先輩の言うことに従うとか、ボールを大切に扱うとか、そうした特別な慣習が存在する。そして、集団に新たに入ってきた人たちに対して、この集団のなかにはそういう特別なルールや慣習があることをわからせるために行われるのが、体罰だということです。

要するに、先輩・後輩という関係があって、先輩が後輩を殴るのは、先輩のほうが偉くて、後輩のほうが偉くないんだということをわからせるため、ということです。あるいはボールを雑に扱ったらだめだ、というルールをわからせるために殴る。体罰は、そうした秩序の形成と不可分で、体罰が行われるまさにそのときこそが、秩序の形成の瞬間ということになるわけです。それをメンバー全員に見せる。そしてまさに体でわからせるために体罰が振るわれるというのですね。

要するに、体罰の本質とは、体罰を通じた上下関係の形成と承認ということです。殴ることで上下関係をつくり、そしてどっちが上でどっちが下かということを、頭と体の両方でわからせるために体罰が振るわれる、ということです。

戦後の野球部内の体罰

日本の野球界で体罰が始まったのは、一九二〇年代でした。そもそもなぜ野球だったかというと、ひとつは他の競技よりも人気や知名度が高く、さまざまな仕組みができるのが早かったからです。では、他の種目はどうだったでしょうか。

たとえば、陸上です。一九二〇年代に早稲田の競走（陸上）部にいて、日本人初のオリンピックの金メダリストとなった織田幹雄《おだみきお》は、練習計画を自分で立てて自主的に練習していました。しかし、一九五〇年にのちに映画監督となる篠田正浩《しのだまさひろ》さんが、早稲田の競走部にいるときには、監督から往復びんたをされていた。陸上でもこのころには、体罰が行われるようになりました。

あるいは早稲田のア式蹴球（サッカー）部も、一九三〇年代は体罰はなかったのですが、一九六〇年代に、釜本邦茂《かまもとくにしげ》がゆっくり走っていると監督に後ろから石をぶつけられたそうです。

野球は戦前から体罰があったけれども、野球以外の種目でもおおむね戦後から体罰が行われるようになっていった。それはやはり、戦後から高度成長期にかけて競技人口が増加し、競技レベルが上昇したからだと思います。野球以外の種目でも、高度成長期には体罰を使ってでも勝利を追求するようになっていき、スポーツ界で体罰が蔓延《まんえん》するようになっていったと思われます。

当時の体罰がどれぐらいひどかったのか、江本孟紀《えもとたけのり》という野球選手の経験から見ていきましょう。江本は中学校時代から野球部の体罰が始まり、「野球部入部と同時に殴られることは日課になり、大学一年の終わりまで殴られ人生が続く」と言っています。中学時代でも、竹バットで殴られるとか、尻をひっぱたかれる。うさぎ跳びやランニングもあった。それが高校になると、尻《しり》バットといって、突き出した尻を先輩がバットで思い切りひっぱたくこともあったそうです。

さらに大学では、寮のなかで「集合」というものがありました。下級生全員が上級生からの呼び出しで集合させられ、延々と正座させられて精神訓話を聞かされたうえでしばかれる。さらに一年に一回くらい「全員集合」というのがあり、四年が三年を、三年が二年を、二年が一年を順送りにしごく。こういうことが三、四時間も行われていたそうです。江本は、「年に一、二度とはいえ、野球選手に何でこんなしごきが必要なのだろう、さっぱり僕には分からない」と回想しています。さきほどの Pate と Gould の理論にもとづくと、各校野球部独特の慣習やルール、上下関係といった秩序を理解させるために、こうした体罰が延々と振るわれつづけたわけです。

さらに体罰を用いて上下関係が固定化し、上の者に対して下の者が逆らうことができないという関係のなかで、さまざまな問題のある慣習が生まれました。ひとつは非科学的な練習です。たとえば一九五五年の浪商（現・大体大浪商）では、特走として延々とグラウンド近くの淀川《よどがわ》べりを走ったあと、グラウンドに戻ってベースランニングを何十周もする。練習として意味があるのかないのか、わからないような練習が行われていた。

ふたつめは下級生の使役です。スパイクを磨いたり、グローブを磨いたりというような、個人でやるべきことを下級生にやらせたり、買い物など野球とは関係ない雑用を下級生にさせる。

三つめは、給水の禁止。板東英二《ばんどうえいじ》という有名な野球選手は、高校時代、炎天下でも夜一〇時に練習が終わるまで、一滴も水が飲めなかった。さらに、小さめの水筒をポケットに忍ばせていた部員は、それを監督に見つかって水筒がひしゃげるまで殴られて、退部させられたそうです。このように野球に関係するものもしないものも含めて、さまざまな人権侵害が日常的に起こるようになったわけです。

高度成長期の体罰拡大の要因

高度成長期に体罰が拡大したのはなぜか。ひとつめの理由は、部活参加者の増加です。戦前にスポーツをやる人は、旧制中等学校に行ける人にほぼ限られていた。戦前の中等学校の生徒数は、いちばん多いときでも同年齢人口の約二〇％でした。それが戦後、どんどん増えていって、高度成長期にはほぼ全員が高校まで行くようになります。そうすると、部活参加者も増えて、一九五五年に一八九人だった高校一校あたりの部活動参加者は、一九六四年にはおよそ三〇〇人になった。

要するに、多くの人が高校に行くようになって、部活に参加する人も増えましたが、学校の施設は急には増えません。生徒数が一・五倍になったから、部活参加者が一・五倍になったからといって、体育館が一・五倍になるとか、グラウンドを一・五倍にすることはできません。そうすると、限られた施設で効率的に活動をするために、体罰とかしごきで辛い経験をさせて、「もうついていけない」と思った人からどんどん辞めていくわけです。体力や運動能力に劣る人、きついことに耐えられない人を辞めさせるために体罰を行使したり、理不尽なことを強要したりしました。

ふたつめは、体罰は人権侵害という認識が不足していたということも非常に大きな要因でした。江夏豊《えなつゆたか》という有名なピッチャーは、高校生のときに体罰を受けても「高校の野球部なんてこんなもんだ」と思っていたそうです。体罰やしごきがあるのは当たり前で、自らの権利が侵害されているという認識がない。だからそれがスポーツ界で問題にならないわけです。

こうした社会的な背景やスポーツをめぐる状況のなかで、高度成長期には非常にひどい体罰が蔓延しました。監督、上級生、下級生、控えという上下関係を形成・固定化するために体罰が日常的に行使され、「四年神様、三年天皇、二年平民、一年奴隷」という言い方が一般的になるくらい、強固な上下関係が部内で成立することになりました。

こうした事態をどう理解するかといったときに、「権力」の概念を使うのがいいと思います。通俗的な表現ですが、「絶対的な権力は絶対に腐敗する」という言葉があります。普通は政府の権力について言いますが、絶対的権力をもつのは政府だけに限らなくて、運動部内で監督や上級生が部員・下級生に対して絶対的な権力をもつことがあります。そうした権力があるから、体罰とかさまざまな人権侵害が起きている。要するに体罰やしごきは、スポーツの勝利を中心的な価値とする集団における権力の腐敗した姿だと思います。

なぜ体罰はなくならないのか――①スポーツ推薦入試

高度成長期に蔓延したスポーツ界の体罰は、なぜいまも続いているのでしょうか。

体罰は、現代では大きな社会問題として取り上げられています。私もそういう認識があるからこそ、こういう研究をしているわけですが、体罰が最初に社会問題化したのは一九六五年、いまから五〇年以上も前でした。

そのきっかけになったのは、東京農業大学ワンダーフォーゲル部の「死のしごき事件」でした。ワンゲル部の上級生が山のなかでしごきをして、新入生が死ぬ事件が起きて、体罰問題が一気に知れ渡るようになりました。

以後、数年から十数年おきに、死者が出るような体罰問題が起きて、社会問題として盛り上がるけれど、それでも体罰はなくならない、ということが繰り返されています。社会問題化して何十年もたつにもかかわらず、なぜいまでもスポーツ界は体罰がなくならないのでしょうか。

その大きな背景として、まずあげられるのが、スポーツの経済的・社会的価値の上昇です。戦前からスポーツで進学、就職は可能でしたが、それが現代ではさらに大きくなっている。その代表的な例は、プロスポーツです。一九七〇年代以降、スポーツビジネスがものすごく盛んになっていて、選手個人にとっても、社会にとっても大きな価値をもっています。

たとえば、一九八〇年のプロ野球選手の平均年俸は六〇二万円ですが、二〇一五年には約三八〇〇万円と、約六倍に増えています。同じ期間に、日本人の平均給料は、約二倍に増えていますが、野球選手の給料はそれ以上に増えています。

それからふたつめが、スポーツ推薦入試です。これはとくに日本的な文脈で重要だと思います。戦前から高度成長期にもスポーツ推薦は非公式なかたちで行われていましたが、公式にスポーツ推薦、ないしは推薦入試が始まったのは一九六〇年代以降です。さらに、一九七九年のユニバーシアードで日本が惨敗したことをきっかけにして、大学をスポーツ強化の拠点にしようという競技団体の働きかけから、スポーツの推薦入試が拡大していきました。

さらに、一九七〇年代の受験地獄や詰め込み教育の反動から、九〇年代以降に高校・大学の推薦入試が拡大していきました。一九九四年から二〇〇〇年にかけて、推薦入試を導入した高校が、公立が三四%から六二%に、私立は五七%から八一%になっています。推薦入試で合格する生徒の割合も大きく増えていて、そうした推薦入試の拡大のなかで、スポーツ推薦入試で進学する生徒もどんどん増えていきました。

一方で、政府としては、生涯学習の充実やゆとりある学校生活をめざして、部活の加熱にはストップをかけたいと思っていました。たとえば一九九六年の中央教育審議会の答申では、「学校週五日制の趣旨を踏まえて、子どもたちのゆとりを確保できるように適切な指導をしてください」とか、「過度な練習や試合、行き過ぎた勝利至上主義は緩和してください」とか、「個々の児童、生徒の人格を軽視するような不適切な運営はやめましょう」「活動時間の適正化」「ノー部活デイをしましょう」「バーンアウト、オーバーユースにならないようにしましょう」などの提言をしています。

では、なぜこういう政府の思惑どおりに部活改革が進まなかったのか。その大きな要因となったのが、学校週五日制でした。一九九五年に学校週五日制が導入されて、一週間に二日休みになりました。政府としては、学校の勉強や部活をしないで、全人格的な発達や生涯学習にとりくむための施策だったのですが、スポーツ推薦入試が導入・拡充されたことで、大会で成績を残して進学するために、土日のほとんどが部活で使われるようになっていきました。

文部省が一九九七年に行った調査では、中学部活動の四六％が週六日、二六％が週七日活動しています。中学校の部活動全体の七〇％以上が、週六日以上も活動をしていた。高校でも週七日間活動する部活は三六％で、週六日活動している部と合計すると、約七〇％が週六日以上活動しています。政府のかけ声にもかかわらず、部活がほぼ毎日行われる状況が変わらないのは、結局、スポーツ推薦入試が大々的に行われているからだと思います。

なぜ体罰はなくならないのか――②処分の甘さ

現代でも体罰がなくならない要因として、指導者に対する処分が甘いこともあげられます。名古屋大学の内田良《うちだりょう》先生の調査によると、二〇〇八年から二〇一二年の公立学校の教員の処分理由は、体罰が三七八三件でトップですが、その一方で懲戒免職になった件数は三件、わずか〇・〇八％しかないそうです。

一方で、わいせつでは五〇〇件以上、懲戒免職になっています。飲酒運転でも百何件。傷害でも一〇〇件ぐらい懲戒免職になっています。しかし、体罰は三件しか懲戒免職になっていない。つまり体罰をすると処分はされるけれど、免職にはならない。

競技団体による処分も甘いです。学生野球の場合、体罰をした指導者は処分されますが、多くは一カ月から一年の謹慎です。野球以外の種目では、処分規定をつくっている競技団体がないので、バスケやバレーボールの監督が体罰をしたらどうなるのか、実はよくわからない。おそらく、ほとんど処分されない。しかし、二〇一三年に浜松日体高校のバレーボール部の体罰場面が、動画でアップされて社会問題化しました。このように大きな騒ぎになると、バレーボールの公認指導員の資格取り消しなどの処分が下されますが、そうした事態にならないかぎり、競技団体が体罰で指導者を処分することはありません。

つまり、体罰を行った教員、部活指導者への処分は比較的軽微で、減給や停職、謹慎などの処分を受けても数カ月で復帰できるわけです。それが、体罰がなくならないひとつの要因だと思います。

スポーツ界の体罰をなくすにはどうしたらいいのか

最後に、日本のスポーツ界の体罰をなくしたり、減らしたりするために、いくつかの提言をしていきたいと思います。

まずひとつは、現代のスポーツ界ではスポーツ推薦が体罰の要因のひとつになっていますので、スポーツ推薦入試の定員を大きく減らす、ということが重要かと思います。そもそも、スポーツ推薦で進学した生徒であっても、スポーツを職業にできる人は、ものすごく少ない。スポーツ推薦で進学した生徒数の実態把握は困難ですが、二〇〇七年に高校野球で特待生問題が発生して全国的な調査が行われたときには、日本の高校野球で約八〇〇〇人、一学年で約二六〇〇人の特待生がいることがわかりました。同年にプロ野球入りした選手は一〇一人、うち高卒は三八人でした。高卒でプロ入りした選手が全員特待生だったと仮定しても、割合でいうと一・五%ぐらいです。ということは、スポーツ推薦で高校に行ったとしても、プロになれるのは一〇〇人中二人ぐらいで、残りの九八人はプロ野球選手になれないのです。

だから、スポーツ推薦で高校に行くのがだめというわけではありませんが、それくらい狭き門であることを理解しておくことは重要だと思います。また、プロになれなかった残り九八%

の人をどうするのか、ということも真剣に考えないといけない。

スポーツ界の人たちは、「夢に向かって努力することが大事」とか「子どもたちの夢をかなえさせてあげたい」ということを言います。実際、夢を追うことやそれに向かって努力することは重要ですが、夢を追ったけれどもそれに敗れた人たちをどうフォローするか、バックアップするかということこそ、大人が真剣に考えないといけないと思います。

だから、体罰とか、さまざまな人権的な問題が起こるのを防ぐためには、スポーツ推薦の数を大幅に減らす必要があると思います。何人にするかというのは、いろんなことが絡んでむずかしいのですが、プロになれるかどうかということを基準にすると、ひとつの学校で一学年に一人いれば十分で、それ以上は要らないんじゃないかなと思います。

それからふたつめは、体罰を行った指導者への処分と再教育の徹底。これも絶対に必要です。体罰問題の背景には、指導者に対する軽微な処分があるので、処分を徹底する。まずは、競技団体の枠を超えた処分ルールを決めて運用する。体罰事件が発覚したらちゃんと調査をして、事例の中身にもとづいてきちんと処分をする。複数回処分されるような指導者については、指導者資格を剝奪して、その競技に復帰させないことも必要だと思います。

さらに、体罰で処分された指導者は、再教育を復帰の条件にして、体罰をしなくてもできるような指導法や、態度、考え方を身に付けてから現場に復帰させるべきだと思います。

そうした指導者講習は少ないのですが、日本高野連は「甲子園塾」という取り組みを行っています。指導経験が一〇年以下の高校野球の指導者を集めて、トップレベルの指導者の指導方法を学んだり、体罰防止についてのグループワークも行われたりしています。

この甲子園塾を私が見に行ったときに印象的だったのが、各チームの指導者が自分の指導力のなさを自覚することでした。甲子園優勝経験のある監督の指導場面を見た若い指導者が「強い学校というのは選手が違うと思っていました。スポーツ推薦で有力な選手を集めているから、強いと思っていました。でも、実はそうではなかった。いちばん違うのは、監督の指導力でした」ということを言っていました。こうした機会に指導者を指導することで、体罰を使わない指導ができるようになっていくのではないかと思います。

それからもうひとつは、部活動の大きな問題として、一校一部制というのがあると思います。つまり、野球をやりたい人は中学校にある野球部に入るしかない。サッカーをやりたい人はその学校にひとつしかないサッカー部に入るしかない。でも、ほんとうにそれでいいのか。むしろ「野球はやりたいけど、この先生のもとでは嫌」とか、「サッカーをやりたいけども、だれにも教わらずに自分たちだけでやりたい」など、さまざまなバリエーションがあるはずだし、あっていいと思います。

私がこういうことを思うようになったのは、大学のスポーツサークルを研究するようになってからです。ひとつの大学のなかに、同じ種目のサークルがあんなにいっぱいあるのはなぜだろう、と不思議に思って研究しました。一大学にたくさんのサークルがある理由は、同じスポーツでも、そのやり方や日程、競技レベルなどを自分たちで好きなようにつくっているからです。「何曜日にやりたい」「週に何回やりたいか」「どれぐらいの競技レベルでやりたいか」「だれとやりたいか」など、さまざまな条件や希望の違いがあって、それに合うサークルを選んで入るし、なければ自分でサークルをつくったりします。

そういう環境があると、もし体罰をされるような部活動があったとしても、そういうところに人は集まらない。同じスポーツでも体罰のない部があれば、そっちに人が集まるからです。体罰をする指導者の部には人が集まらなくなって、自然に消滅するような仕組みにすべきだと思います。そういうことを可能にするためにも、一校一部制を改めて、なるべく高校段階、中学段階でも多様なスポーツ環境を提供することができるようになると、スポーツ界から体罰をなくすことは可能だと思っています。

引用文献

伊丹安広 1978『一球無二――わが人生の神宮球場』ベースボールマガジン社
内田良 2014「『体罰』教員、懲戒免職0・08％の怪」http://bylines.news.yahoo.co.jp/ryouchida/20140725-00037674/
江夏豊 1981『流浪のサウスポー』講談社
江本孟紀 1982『おれ、紆球曲球』日之出出版
川上哲治 1974『巨人軍の鬼といわれて――わが野球人生50年』読売新聞社
衣笠祥雄 1985『自分とどう闘いつづけるか――継続こそ力なり！』ＰＨＰ研究所
慶応義塾野球部史編纂委員会編 1960『慶応義塾野球部史』慶応義塾体育会野球部
五明公男編 1995『創部八十周年記念　我が青春の法政大学野球部』法友野球倶楽部
駿台倶楽部・明治大学野球部史編集委員会編 1974『明治大学野球部史　第一巻』駿台倶楽部
鶴岡一人 1984『野球ひとすじ――私の履歴書』日経事業出版社
張本勲 1991『闘魂のバット――３０００本安打への道』ベースボールマガジン社
坂東英二 1998『赤い手』青山出版社
飛田穂洲編 1950『早稲田大学野球部五十年史』早稲田大学野球部
守山恒太郎 1903『野球之友』民友社、復刻版ベースボールマガジン社、1980年
Pate, M. and Gould, L. , 2012, *Corporal Punishment around the World*, PRAEGER

体罰はなぜ許されないか

学校教育法第一一条を子どもの権利から考える

田村公江

2018年5月13日
「体罰はなぜ許されないか
—学校教育法第11条を子ども の権利から考える」より

きょうの資料は、私が勤めている大学の『龍谷大学社会学部紀要』に投稿した論文[*1]です。この論文とほぼ同じ内容を報告します。

この論文の第一章「学校教育法第一一条とは」では、体罰を禁止している法律についてまとめました。学校関係者はよくご存じだと思いますが、一般の人にはあまり知られていないと思うからです。第二章「懲戒と体罰の境界線問題」では、いつも問題になる境界線問題を整理しました。第三章「子どもの権利から見た体罰問題」では、体罰が禁止される理由を子どもの権利という観点から明確化しました。

＊1　田村公江 2019「体罰はなぜ許されないか——学校教育法第11条を子どもの権利から考える」『龍谷大学社会学部紀要』第52号

学校教育法第一一条とは

二〇一二年の桜宮《さくらのみや》高校体罰自殺事件以降、たしかに体罰に対する世間の目は厳しくなったと思います。教育の現場でも体罰の根絶にとりくみ、文部科学省も通知を出したりしています。

年度別の体罰の発生件数と被害者数

	発生件数	被害児童生徒数
2012(平成24) 年度	6,721件	14,208人
2013(平成25) 年度	4,175件	9,256人
2014(平成26) 年度	1,126件	1,990人
2015(平成27) 年度	890件	1,699人

また、自治体ごとに体罰防止の研修にとりくんだり、体罰防止のマニュアルをつくったりしています。すばらしい研修資料をつくっている自治体もあります。教員の方々には、信頼関係を築くとか、人権意識を高めるとか、指導力の向上に努めましょうという呼びかけが行われています。

二〇一二年度以降、文科省は体罰発生件数を公表しています。これは、体罰事案が発生した際の報告のルート（教員→校長→教育委員会→文部科学省）が定められ、全国の都道府県別のデータが集計されるようになったからです。二〇一二年度から二〇一五年度までを見ると、二〇一二年度はクラクラするほど大きな数字ですが、それ以降は、確実に減っていっています。しかし、二〇一五年度の数字であっても年間八九〇件で、月に七四件です。被害者数も月に一四一人で、まだまだたいへん大きい数字だと思います。

体罰は学校教育法第一一条で明確に禁止されています。しかし、二〇一二年度より少なくなったとはいえ、それでも体罰は頻繁に発生しています。その背景には、根強い体罰容認の考え方があります。ヨットスクールの戸塚宏《とつかひろし》さんのような確信にもとづく体罰肯定論者がいて、「子どもには体罰を受ける権利がある」という考えの人さえいます。それほどではなくても、条件付きの体罰肯定論者、つまり、やりすぎ、行きすぎでなければ、やむをえない場合なら体罰も必要だという考えの人もいます。

こういう容認派の人たちと体罰に反対する人たちとは、なかなか議論がかみ合いません。ともすれば深い溝ができてしまうので、生産的な議論ができるように、詳しくまとめてみたいと思いました。

◉体罰を禁じた学校教育法第一一条と施行規則の懲戒規定

さて、学校教育法第一一条は、「校長及び教員は、教育上必要であると認めるときは、文部科学大臣の定めるところにより、児童、生徒及び学生に懲戒を加えることができる。ただし、体罰を加えることはできない」というものです。

法律にはたいてい、それを実際に行う場合の細かいことを定めた施行規則があります。そこで学校教育法施行規則を見ると、その第二六条に「懲戒」を加える際の配慮について書いてあります。その文言は次のとおりです。

第一項　校長及び教員が児童等に懲戒を加えるに当つては、児童等の心身の発達に応ずる等教育上必要な配慮をしなければならない。

第二項　懲戒のうち、退学、停学及び訓告の処分は、校長（大学にあつては、学長の委任を受けた学部長を含む。）が行う。

第三項　前項の退学は、市町村立の小学校、中学校（学校教育法第七十一条の規定により高等学校における教育と一貫した教育を施すもの（以下「併設型中学校」という。）を除く。）若しくは義務教育学校又は公立の特別支援学校に在学する学齢児童又は学齢生徒を除き、次の各号のいずれかに該当する児童等に対して行うことができる。

一　性行不良で改善の見込がないと認められる者

二　学力劣等で成業の見込がないと認められる者

三　正当の理由がなくて出席常でない者

四　学校の秩序を乱し、その他学生又は生徒としての本分に反した者

第四項　第二項の停学は、学齢児童又は学齢生徒に対しては、行うことができない。

第五項　学長は、学生に対する第二項の退学、停学及び訓告の処分の手続を定めなければならない。

（学校教育法施行規則第二六条）

第三項の趣旨は、公立の小学校、中学校、特別支援学校に行っている子は、退学になるとほかに行く場所がなくなり、教育権の剝奪になってしまうから、退学の対象としないということです。国立や私立の学校であれば、そこから公立に転校すればいいのですが、公立の場合は行くところがなくなります。この「退学」は、どちらかというと学校の秩序を守るための措置です。第三項に列挙されている「次の各号」の四には「学校の秩序を乱し、その他学生又は生徒としての本分に反した者」とあります。

ちなみに、「停学」については、義務教育の子どもの場合、何日間とか何週間、何カ月と停学になってしまうと義務教育がその間、滞るので、小・中学校は、国立や私立もふくめて停学はだめということになっています。

学校別、行い得る法律的懲戒

	退学	停学	訓告
公立の小・中学校	×	×	○
国立、私立の小・中学校	○	×	○
高等学校	○	○	○
大学	○	○	○

だから、「退学」とか「停学」は小・中学校では簡単には使えません。

しかし最近、いじめとか、教室で暴力を振るうとか、暴れる子どもに対して「出席停止」が乱用に近いかたちで使われるケースが出てきました。学校教育法第三五条には「出席停止」が規定されていて、これは他の生徒の学習権を守るための措置ですが、これが、暴れる子どもやいじめの加害者である子どもを教室から排除するために使われることもあります。

◉「懲戒」とは何か

ところで、学校教育法第一一条で定めている「懲戒」とは、そもそも何でしょうか。「懲らしめ戒める」ですから、望ましくない行為に対して、戒めとして科される叱責や罰のことです。第一一条に規定されている懲戒は二種類に分かれています。ひとつめがさきほど言った退学、停学、訓告で、これらは「法律上の懲戒」と言われ、管理的懲戒処分のことです。これは学校の秩序を維持するための「懲戒」です。もうひとつは「事実上の懲戒」で、個々の教師が行う教育的懲戒、要するに叱ることです。校則違反や教育上の義務への違反、教師の指導への不服従、非行行為などに対する罰として行われるもので、具体的には叱責、立たせる、正座させる、居残りさせるといったものです。

体罰か否かが問われるのは、「事実上の懲戒」をめぐってです。体罰として禁止されている行為は、殴る、蹴るという身体への攻撃、および肉体的苦痛を与える罰です。第一一条で「懲非があり、それを指導するためであっても体罰をしてはいけないということです。

戒を加えることができる。ただし、体罰を加えることはできない」というのは、児童・生徒に

◉懲戒と体罰の境界が問題に

では、「事実上の懲戒」と「体罰」の境界はどこにあるのでしょうか。一九四八（昭和二三）年に早くもこの境界線が問題になっています。そのときに法務庁から「児童懲戒権の限界について」[*2]という文書が出ていますが、そのなかで、やってはいけない体罰として、「身体に対する侵害を内容とする懲戒―なぐる・けるの類―」と、「被罰者に肉体的苦痛を与えるような懲戒」があげられています。たとえば、長時間の正座とか、「トイレに行きたい」と言っているのに行かせないとか、夕ご飯の時間になったのに居残りさせるなどは「肉体的苦痛を与えるような懲戒」に該当するとしています。

しかし、そうすると、「事実上の懲戒」と「体罰」の違いは、結局、程度の違いなのかという理解ができてきます。肉体的苦痛の程度が軽ければ「事実上の懲戒」として許されるとすれば、どれぐらい軽かったら許されて、どれぐらいきつかったら許されないのかが、また問題になります。正座させるとか起立させるのも長時間でなければいいとなると、どこからが長時間なのかとなります。こう考えていくと、どうしても懲戒と体罰が連続して見えてしまい、境界線を

求める果てしない議論に向かうことになります。

＊2 「児童懲戒権の限界について」という文書は、一九四八（昭和二三）年一二月二二日に「高知県警察隊長の照会に対し」て「法務庁法務調査意見長官」が回答したものである。
https://www.jinken-library.jp/database/view.php?p=law&c=government&id=11987

◉体罰を禁じた明治の教育令

ところで、学校における体罰禁止を明文化した法律は、学校教育法がはじめてではありません。教育法の変遷をたどると、興味深いことに、明治時代にもう体罰は禁止されています。これも教育関係の方はよくご存じだと思いますが、一八七九（明治一二）年の教育令で、「凡《およそ》学校ニ於《おい》テハ生徒ニ体罰殴《う》チ或《あるい》ハ縛スルノ類《たぐい》ヲ加フヘカラス」（第四六条）と、はじめて体罰の禁止が規定されました。「殴チ或ハ縛スルノ類」は小さい字で書いてあって、それ以外は体罰ではないという含みを残しています。

一八九〇（明治二三）年の小学校令には、「小学校長及教員ハ児童ニ体罰ヲ加フルコトヲ得ス」（第六三条）とあります。さらに一九〇〇（明治三三）年の小学校令には、「小学校長及教員ハ教育上必要ト認メタルトキハ児童ニ懲戒ヲ加フルコトヲ得但《ただ》シ体罰ヲ加フルコトヲ得ス」（第四七条）とあって、ここで懲戒権一般が法制上、確立してきます。これは、戦後の学校教育法の

第一一条とまったく同じ文言です。

このように教育法がどんどんつくられてきた明治時代は、日本が近代国家になろうとしていた時代です。富国強兵政策のもとに全国統一の教育を施そうと、学校を整備するための法律をつくっていきました。その初期から体罰禁止が明文化されていたわけです。

ところが、戦前の体罰禁止は空文化していました。それは判例にも表れています。福岡地裁久留米支部、一九三〇（昭和五）年一一月二六日の判決を紹介しましょう。尋常小学校の児童が担任教員から頭をたたかれた事件です。

「蓋《けだ》し身体に傷害を来さゞる程度に軽く叩《たた》くが如《ごと》きは、夫《そ》の父兄が其《そ》の保護の下にある子弟に対し懲戒の方法として屢々《しばしば》施用し居《お》れる事例にして、此《こ》の事例に照らせば小学校教員が児童に対し懲戒の手段として斯《か》かる程度の力を加えることを得ずと為《な》すは、社会通念上妥当なるの見解と謂《い》ふを得ざればなり」[*3]

むずかしい表現ですが、要するに、けがをさせない程度に体をたたくことは、親が普通にやっていることで、それをわざわざ体罰とは言わない。小学校の教員は親の代わりを務める場面もあるので、まったくたたいちゃだめだとすると、社会通念上おかしなことになるじゃないかという判断です。だから、せっかく体罰禁止が法律に明記されていたにもかかわらず、実際には親はたたいていたし、小学校の先生もたたいていたという状況でした。

＊3　牧柾名・今橋盛勝 1982『教師の懲戒と体罰』（総合労働研究所）二八頁から転載。

◉戦前の文言をそのまま継承した学校教育法

一九〇〇（明治三三）年の小学校令と戦後にできた学校教育法の文言が一緒だったことが、あらためて気になりますね。戦後の六・三・三・四制という学校制度の根幹となる学校教育法ができたのは一九四七年です。これは日本国憲法が施行された年で、教育基本法ができた年でもあります。一九四七年のころは、戦争がやっと終わって、GHQ（連合国軍最高司令官総司令部）の監督・指導のもとではあるが、日本が民主主義の国に切り替わっていく時代でした。戦前の教科書が墨を塗られたり捨てられたりして、教育観も一八〇度転換したにもかかわらず、戦前の小学校令と同じ文言の懲戒権が学校教育法に書き込まれてしまいました。懲戒権は与えるけれども体罰は禁止するという表現がそのまま採用されています。これはどういうことなのでしょう。体罰禁止はいいことなので、踏襲しようという考えがあったのかもしれません。ただ、同じ文言の法律ができたことによって、戦前と戦後で教育観が一八〇度変わったことが見落とされているのではないかと思います。

この学校教育法の特徴を『解説教育六法』（三省堂）をもとに見ていきます。

まず、教育の目的が、国家主義の目的から真理の探究や人格の完成といった目的に変わりました。それから、すべての人々が心身の発達に応じて人間として生きていくのに欠かせない普通教育を受けること、教育の機会均等、男女共学、六・三・三・四制の単線型学校体系などがその特徴です。

単線型学校体系とは何でしょうか。戦前は、大学に進む人や尋常小学校で終わる人、工業系に行く人などが別々のコースになっている複線型の学校体系でした。複線型のもとで、子どもたちは自分の出身階層によってどのコースに進むかを決められ、社会的地位の高低が再生産されていました。だから戦後は民主的に、教育の機会をすべての子どもに与えようと単線型学校体系になりました。

戦前は、義務教育が六年間だったり八年間だったりしましたが、それすら通えない子どもたちもいました。戦後は、小学校六年、中学校三年の九年間を義務教育としました。また、教育を受けることは国民の義務ではなく権利であるという考え方が、学校教育法には盛り込まれています。

では、戦前はどうだったのでしょうか。文科省のウェブサイトに掲載されている『学制百年史』によれば、初代文部大臣の森有礼《もりありのり》は「諸学校を維持するも畢竟《ひっきょう》国家の為《ため》なり」とか「学政上に於《お》いては生徒其人の為にするに非《あら》ずして国家の為にすることを終始記憶せざるべからず」とはっきり述べています。教育は、個々の子どもの人生を豊かにするためではなく、国家の役に立つ人を養成するためにあるということです。

戦前は家制度があり、戸主は家族に対して大きな権限をもっていて、家族は戸主の命令に服するというピラミッド型でした。そして、儒教の精神が取り込まれていたので、年長者のほうが偉く、男性のほうが女性より偉いという価値観がありました。家族においても上から下への権力的な関係があるなかで、親（とくに父親）が子どもに体罰をするのは当然視されていました。そして、教師は国家主義の担い手でもありましたから、教師が児童・生徒を懲らしめて、言うことを聞かせるのは当然のことでした。「先生様」という言葉さえあったように、先生は尊敬されていました。いまどきのように、子どもが扱いづらくなって、先生が学級運営に苦労するという感じではなく、基本、先生の言うことは聞くものだという価値観があった時代です。

◉戦後の教育観に反する懲戒権

戦後、こういう価値観は否定されました。国家主義から民主主義へ、軍国主義から平和主義へ転換しました。国家のための教育ではなく、児童・生徒のための教育に切り替わったはずです。ところが、学校教育法第一一条に一九〇〇年の小学校令と同じ文言が取り込まれてしまい、懲戒権という概念が残りました。

その懲戒権のなかで、退学、停学、訓告という「法律上の懲戒」についても、高校生、大学生に対しては停学や退学もありえるかもしれませんが、小学生、中学生にまで退学、停学を決める必要があったのかという気がします。

そのことも問題ですが、より深刻なのは「事実上の懲戒」です。子どもが何か望ましくない行動をしたときに、教師の権限としてそれを懲らしめることは許されるが、体罰をしてはいけないという考え方の仕組みになっています。しかし私は、この懲戒権の概念そのものが戦後の教育観と相容《あいい》れないのではないかと思います。というのも、戦後は、人間として尊重される権利や暴力から守られる権利、教育を受ける権利などを保障する教育に切り替わったはずだからです。国家の役に立つ人間にするための教育でなく、その子自身が幸せになり、有意義な人生を送るための教育になったはずなのに、先生たちに懲戒権を残してしまったところに大きな問題があったと思います。

懲戒と体罰の境界線問題

「懲戒権は認めるが、体罰はだめ」という考え方が続いていくと、どうなるでしょうか。現場の先生はたいへん困るわけです。どこまでが許されて、どこからが許されないのか。それがどうしても気になってしまいます。そして、日本の体罰の話はここにエネルギーを注ぎすぎだったと思います。ほんとうは、どう指導したら、子どもが自己コントロール力をより育てることができるかに、もっとエネルギーと時間を注ぐべきだったと思います。

◉境界線について行政が判断基準を示した文書

それで、懲戒と体罰の境界線について行政による判断基準の文書が繰り返し出されることになりました。延々とあります。だいたい、身体への侵害、たとえば殴る、蹴るはだめ、肉体的苦痛はだめ、だけど、叱ったり、短時間の起立や正座はオッケーなど、具体的に「これはいい。これはだめ」という文書が、時代に応じてやたら細かかったりしながら出されています。

ただ、文部省初等中等教育局教務関係研究会編『教務関係執務ハンドブック』（第一法規出版、一九七六年四月三〇日）はちょっと珍しくて、「身体に侵害を加える行為がすべて体罰として禁止されるわけではない」という体罰容認の考えを示した文書です。その理路は次のようなものです。

・保護者は子どもに対して、傷害を与えない程度に軽くたたくことがよくある。

・保護者が軽くたたくことを保護者の懲戒権として認めるなら、校長や教員が教育的配慮にもとづいて軽くたたくことも、懲戒として認められるはずだ。

また、文科省から「学校教育法第一一条に規定する児童生徒の懲戒・体罰に関する考え方」

（平成一九＝二〇〇七＝年二月五日）という通知も出ています。これは、いじめとか校内暴力など児童・生徒の問題行動にどう対応するかということで、「子どもが教室で暴れたときに先生は何も手が出せないのか」という苦情を念頭に置いて出されたもので、児童・生徒に対する有形力（目に見える物理的な力）の行使により行われた懲戒は、その一切が体罰として許されないというものではないとしています。さらに、児童・生徒からの教員や他の児童・生徒に対する暴力行為に対して、防衛や危険の回避のためにやむを得ずした有形力の行使は、正当防衛や正当行為であって、体罰に当たらないとしています。

それから、同じく文科省から出た通知「体罰の禁止及び児童生徒理解に基づく指導の徹底について」（平成二五＝二〇一三＝年三月一三日）は、二〇一二年末の桜宮高校事件を受けて、体罰は絶対に許されないという原点に返っている文書です。この文書には「別紙」として「児童生徒の懲戒・体罰等に関する参考事例」が付いています。

この参考事例を見ると、「許されない体罰」として、居残りさせていて、トイレに行きたいと訴えたけど室外に出ることを許さないとか、給食の時間になったのに別室にとどめるとか、苦痛を訴えても長いこと正座させるなどがあげられています。

一方、やってもいい行為として、たとえば正当防衛や正当と判断される行為があげられています。やたら細かくて、「児童が教員の指導に反抗して教員の足を蹴ったため、児童の背後に回り、体をきつく押さえる」とか「休み時間に廊下で、他の児童を押さえつけて殴るという行為に及んだ児童がいたため、この児童の両肩をつかんで引き離す」など、臨場感にあふれています。具体的な苦情をもとにつくられたのかなという気がします。教室で子どもが暴力を振るうとか、子ども同士でけんかが起こったとき、先生は「体罰だ」と非難されることなく、どうやって収めることができるかというニーズに応えているわけです。

◉体罰をめぐる判例

このように、行政が出す基準がどうしてもグレーゾーンを残し、程度の問題になってしまうとすれば、頼れるのは裁判所ではないかと思い、判例も探してみました。「これは体罰ではないか」と子どもや保護者が訴えた事件がたびたび起こっていますが、対照的なものをふたつ紹介します。

ひとつは、一九五五（昭和三〇）年五月一六日の大阪高裁の判決です。小学校の男の子が先生に頭を殴られた事件で、先生のこの行為に対して判決は、「殴打のような暴行行為は、たとえ教育上必要があるとする懲戒行為としてでも、その理由によって罪の成立上、違法性を阻却せしめるというような法意であるとは、とうてい解されない」としました。つまり、先生は懲戒のつもりでも、頭を殴るのは暴行だから、やってはならないという判決です。

ふたつめは、水戸五中事件という有名な事件で、これに対する東京高裁の判決が一九八一（昭和五六）年四月一日に出ています。

中学校で体力診断テストがあって、体育館に子どもたちが集まって、係を決める場面で事件が起こりました。ある男の子が、自分が補助に付く女の先生に「何だ、○○と一緒か」と名前を呼び捨てて、ふざけた感じで言いました。先生がそれをとがめて、手で頭をたたきました。そして、その子が八日後に亡くなりました。保護者は、その子を火葬にしてから、学校でそういうことがあったと知りました。症状からおそらく頭への衝撃が脳に何らかの異変を起こして亡くなったと思われるのですが、それを証拠立てるものがありません。子どもの体調が悪くなって医者に連れていきますが、頭に衝撃を受けたことを子どもも言わなかったし、親はそもそものことを知らなかったので、医者もはっきりした診断が付けられませんでした。

裁判所は証拠にもとづいて判決を出すものですが、証拠がありません。たたかれた場面を目撃していた子どもたちがいますが、何回も聞かれているうちに証言が揺らぎます。「かなり強く、ゴツンゴツンといっていた」という証言もあれば、「軽かった」「そんなにひどくなかった」という証言もあって、子どもの証言をうまく聞き取るスキルがなかったことが悔やまれます。

一審の判決は、先生が私憤にかられて子どもを殴ったとして、罰金三万円の有罪になりましたが、東京高裁判決は、先生の正当な懲戒行為の範囲内であるとして無罪としました。判決は、

「教育作用をしてその本来の機能と効果を教育の場で十分に発揮させるためには、懲戒の方法・形態としては単なる口頭の説教のみにとどまることなく、そのような方法・形態の懲戒によるだけでは微温的に過ぎて感銘力に欠け、生徒に訴える力に乏しいと認められる時は、教師は必要に応じ生徒に対し一定の限度内で有形力を行使することも許されてよい場合がある」と、有形力の行使も懲戒として許容されることがあると判示しています。

この水戸五中事件の場合は証拠が失われたことが大きな問題点だったと思いますし、そういう事件があったときに学校側が保護者に隠していたことが問題だったと思いました。

ひとつめの判例は、懲戒行為であっても暴行罪が成立するとされ、ふたつめの判例は、懲戒目的であって軽微な暴行行為だから、体罰に相当しないとしました。真逆の判決が出ているわけです。

◉一般常識のなかの体罰

体罰禁止の法規定は明治時代からあったが、空文化していた。戦後は教育観が一八〇度変わったのに、戦前と同じ文言が使われたため、行政は懲戒と体罰の境界線に関する文書をいっぱい出したが、どこまでもグレーゾーンは残る。司法の判断も実はそんなに当てにならない。こういうことを見てきました。結局、体罰概念はどうしても混乱しやすいということになります。

法の概念としての体罰は、身体に対する侵害を内容とする懲戒（殴る、蹴るなど）と被罰者に肉体的苦痛を与える懲戒（長時間の起立、正座など）の二種類です。では、法律家ではない人々のあいだでは、つまり一般常識として体罰はどう考えられているのでしょうか。これが私たちにとっては重要です。

身体への侵害を狭く解釈する体罰観の人もいます。中学・高校時代に部活をがんばった学生などに聞くと、強豪校出身の学生などはとくに、パーでたたくのはオッケーで、グーはだめなどと言います。ケツバットはオッケー。あれはぜんぜん何でもないと言います。けがをするほど殴るのは体罰だけど、けがをしなかったら「愛の鞭《むち》」とかそういうもので、身体への侵害の度合いが強いものだけが体罰であるという考え方ですね。

一方、肉体的苦痛を幅広く解釈する人もいます。この人たちは、肉体的苦痛がたとえ軽微であっても、座らせるとか立たせるとかは屈辱的なので、肉体的には大して苦痛ではなくても精神的に辱められる苦痛があるなら、それは十分に体罰に入るのではないかと考えます。こう考える人は世間にはけっこういて、この人たちにとっては、ちょっと座らせるとか立たせるのも体罰になるので、「体罰に賛成ですか、反対ですか」という聞き方をすると、体罰も必要ではないかと答えます。アンケートなどで体罰に賛成の人がかなり多かったりするのは、そういうことではないかと思います。

それから、子どもが極度に悪いことをしたなら、たたかれても仕方がないという考え方も、とても根強くあります。

みなさんも日野皓正《ひのてるまさ》往復ビンタ事件をご存じだと思いますが、私はYouTube《ユーチューブ》でその動画を見ました。東京のある区が、地元の中学生たちがプロにジャズを指導してもらい、最後に演奏会を開くという企画を続けています。二〇一七年八月二〇日に開かれたその演奏会で、ドラムのソロをやめない少年のところに、指導者であるトランペッターの日野さんが行って、スティックを取り上げ、「やめろ」と怒鳴ります。しかし、その子は手でドラムをたたきつづけたので、日野さんはその子の髪をつかんで往復ビンタを加えました。

この事件は、客席から撮影した動画が「週刊文春」のウェブ版で公開され、「週刊新潮」も後追いで取材して、表沙汰になりました。これが学校で行われれば明らかに体罰です。ところが、みんなすごく日野さんに気を使っています。また、この事件に関する日野さんの声明文もすごいものです。

日野さんの考えでは、この少年はやってはいけないことをしたそうです。演奏の最後に一人ずつ、自己紹介のためにちょっとだけ演奏する場面だったのに、一人だけ長くたたきつづけて、それに乗ってくるようにみんなに誘いかけた。みんなも乗ってみたけど、うまく収束できないで中途半端になって、その子がずっとたたいていた。演奏者としてありうべからざることで、とうてい許せないということでした。日野さんは、彼も悪いことをしたとわかっていて、あとで謝りにきたとか、彼とは父と息子のような信頼関係があるとか言って、その子に対する謝罪は一言もありませんでした。自分の指導は、やりすぎだったかもしれないけれど、基本的に間違っていないという考えです。

この事件について私は同僚たちに聞いてみました。何人かの同僚は「あれは中学生が悪い。たたかれても仕方がない」と言います。日ごろ良識のある同僚がそう言うので、びっくりしました。子どもがすごく悪いことをしたときはたたかれても仕方がないという考え方は根強いなとあらためて思いました。

それから、条件付きで体罰を肯定する考え方も根強くて、日野さんもそうかもしれませんが、心が通じ合う信頼関係があるとか、体罰したあとフォローアップしているとか、けがのない程度にとどめていたとか、納得いく理由でたたいているだけで自分の鬱憤晴らしではないとか、感情的にたたいているのではないなどの条件が整っていたら、時には体罰も必要だと考える人も世の中にはたくさんいると思います。

◉体罰容認からの脱却

しかし、このような考え方を変えた人もいます。一九五〇年から中学校の教師をしていた小《こ》室節雄《むろせつお》さんは、いまあげたような条件が満たされるなら、体罰は「愛の鞭」だから、教育上、効果を上げると思っていたそうです。[*4]

ところが、実際には殴ったあと、自分の心にむなしさが残ります。大丈夫だったかという心配や、殴ったことで信頼関係が崩れるんじゃないか、それをもう一回、築かなきゃいけないという思いも出てきます。それから、悪さをした子どもを全員殴ることはできません。すると、たまたま目に付いた子をガツンとやることになります。また、部活でよくあるのが、キャプテンが見せしめに殴られるというケースです。キャプテンをするような、才能があってスキルの高い部員がたたかれます。先生は、期待しているからたたくというつもりです。その結果、ほかの部員にも気合いが入るという見せしめ効果をねらうわけです。先生も子どもたちをよく見ているから、心が繊細で、たたいたら傷ついてしまうような子どもは選びません。こいつはたたいても大丈夫だという子をたたくことになります。

そんなことに小室さんはずっともやもやしたものをもっていました。そして、指導が成功したのは体罰がそうさせたのではなく、心の交流が生徒を変えたからだと気づくのです。

私はいままでいろんな人のお話を聞いてきましたが、「父親から一回だけ引っぱたかれたことがあったけど、それはほんとうに自分が悪いことをしたときで、すごい気迫で怒ってくれた。それが自分にとっては大きなきっかけになった」と話してくれた人がいました。それを聞いて、私は自分の姉のことを思い出しました。姉が思春期で、ちょっと自分勝手をやっているときに、家を飛び出そうとしたら、穏やかで小柄な父が、姉の手首をぐっと握ったのです。かなり痛かったそうですが、本気で叱られた気がしたそうです。

こういう話をしばしば聞きますし、とても貴重な体験だと思います。でも、それは体罰を使わなくてもできたんじゃないでしょうか。真剣に向き合ってくれたことが子どもに伝わって、子どもの行動が変わるわけです。だったら、どうしても体罰でなければならない理由はなかったと思います。小室さんは学校カウンセリング講座を受講したことで、体罰を完全に否定するようになったそうです。

条件付き体罰肯定論では、どこからが体罰なのかという線引きが繰り返し議論になります。それは結局、許される体罰の条件探しにつながります。しかし、条件付き体罰肯定論で持ち出される条件がぜんぶそろうことは、そんなにないと思います。よく聞く条件は次のようなものです。

・心が通じ合う信頼関係がある。

・体罰したあと、できるだけフォローアップをする。
・ケガのない程度に。
・納得いく理由で。
・感情的に体罰をしない。

しかし、ここまで条件がそろっていたら、そもそも体罰をしなくていいと思います。「心が通じ合う信頼関係」があったら、静かに諭せば言うことを聞くと思います。「感情的に体罰をしない」という条件については、冷静だったらもともと体罰をしようとしないと思います。だから結局、条件付き体罰肯定論は、いろいろ条件をあげて体罰の正当化に向かっているのだと思います。

＊4　小室節雄・今橋盛勝 1992『北風より太陽を——体罰を否定し、子どもを受容する学校』学陽書房

子どもの権利から見た体罰問題

戦後の教育は、教育の主役は国ではなく子どもであるという考え方で再出発したはずです。それをうたいあげているのが日本国憲法と教育基本法です。

◉日本国憲法と子どもの権利条約

日本国憲法第一三条は「個人の尊重」を規定していて、当然、子どもも個人として尊重されます。「個人の尊重」は、一部の政治家からはなかなか快く思ってもらえず、ともすれば利己主義とかエゴイズムのもとになると誤解されがちです。しかし、これを理解するには日本国憲法の前と後を比較するといいと思います。

お国のために死にに行かなきゃいけないとか、お国のために軍需工場で働かなきゃいけないのが戦前でした。私の母は戦争中、女学校の授業がほとんどなくなって、軍需工場で風船爆弾をつくらされるなど、ろくに勉強ができない状態だったと言っていました。個人よりも国家が尊重される時代には、「お国のためだ」という理由で何事も正当化されてしまいます。結婚も家と家の結び付きが優先され、親が決めた相手と結婚することになっていました。そういう考え方がかつてありました。

それを否定して、国のため、家のためではなく、その人個人の尊厳を守りましょうというのが日本国憲法第一三条なのです。個人の尊重は利己主義やエゴイズムを肯定する思想ではありません。

日本国憲法第二六条では、教育を受ける権利や教育を受けさせる親の義務、それから義務教育を無償にすることが書かれています。

それから、日本も批准している子どもの権利条約には、その第一二条に意見表明権があります。この意見表明権の実現が日本ではほんとうにはかばかしくないと思います。

日本の文化には、「実るほど頭を垂れる稲穂かな」とか「能ある鷹《たか》は爪隠す」など、謙譲を美徳とするところがあります。そして「目上の人を敬え」などの儒教的な考え方がいまでも若い人に浸透しているように思います。そもそも、子どもが親に文句を言うことを好ましく思わない親が多いですし、学生と話していると、「お父さんの言うことを聞かなきゃいけない」とか、自分の行きたい大学があったけれども、お父さんが「おまえはここに行け」と言ったから、ここにきましたといった話をいまでも聞くことがあります。

子どもの権利条約第二八条は教育への権利です。義務教育を無償にするということです。日本は一応、無償になっていますが、いい加減な無償ですね。給食代を取ったり、お習字の道具とかほかの備品などは自分で調《ととの》えろということだし、制服がある小・中学校は制服代を親が負担しなければなりません。けっこうお金がかかるのです。何から何まで無償にしないと、ほんとうは無償だとは言えません。

教育基本法の第五条は、「国民は、その保護する子に、普通教育を受けさせる義務を負う」と、義務教育について規定しています。義務教育の「義務」は、子どもが学校に行く義務ではなく、親には子どもを就学させる義務があり、国には普通教育を無償にする義務があるということです。子どもが主役だということを、小学校・中学校の子どもたちは知っているでしょうか。義務教育中の子どもは通学する権利があるのであって、通学する義務はありません。学校でいじめがあったり、先生が体罰を振るっていて安全でなかったりしたら、別の教育機会が与えられるべきです。

不登校の問題はたしかにいろんな側面があって、子どももほんとうは通学したいのに、コミュニケーションがうまくいかなくて通学できないケースもあるので、通学を促す働きかけが必要な場合もあります。でも、必ず復学させなければいけないかというと、それは違うと思います。学校で勉強ができなければ、フリースクールやオルタナティブの学校が提供されるべきです。最近、これはちょっと進んできたところだと思います。

◉懲戒と子どもの人間の尊厳

子どもの権利条約第二八条の第二項は、「締約国は、学校の規律が子どもの人間の尊厳と一致する方法で、かつこの条約に従って行われることを確保するためのあらゆる適当な措置をとる」というものです。日本も「締約国」として「あらゆる適当な措置をとる」べきです。「学校の規律」には懲戒もふくまれますが、懲戒権というのは子ども観が「上から目線」です。

おとなが子どもを教えるとか、しつけるとか、おとなが能動で、子どもが受動という「能動－受動」の関係が前提とされています。そして、子どもはおとなの言うことに従うべきであるという「支配－服従」の関係が想定されています。また、そもそも、おとなは子どもより偉いという考え方も根強くあります。たしかに、子どもを保護するための権限をもつという意味では、おとなは子どもより偉くなければならないと思いますが、子どもを支配するために偉いという考え方では、ずれてくると思います。

障害者や女性の問題もそうですが、保護が必要な人をどうしても見下す傾向があります。障害がある人、労働の場で配慮が必要な人は社会に負担をかけるし、人にも手間をかけます。でも、だからといって見下されていいわけではありません。

ちなみに私は、障害者ががんばっている美談が好きではありません。健常者が手助けして、障害者が健常者にできることをできるようになりましたという話がよくありますが、「何、これ」と思います。障害者は、「障害者なのにこんなに健気《けなげ》にがんばってる。健常者もがんばらなきゃ」と健常者をがんばらせるために存在しているわけではありません。行きたいところに行くとか、職場でこんな工夫をしてもらったら仕事ができるとか、それは当然やってもらう権利があるわけです。いろいろやってもらわないといけないから肩身を狭くしなければいけないというのはおかしいと思います。

◉子どもへの体罰はDVと同じ

子どもへの体罰の問題は、DV（ドメスティック・バイオレンス）と比較するとよくわかります。昔は、夫には妻をしつける権限があって、妻が夫の言うことを聞かない場合はたたいてもいいとされていました。イギリスには、親指より細い棒だったら妻をたたいていいという慣習法があったそうです。日本でも、夫が妻を懲らしめるのは夫の当然の権利だという考え方が長いあいだ、ありました。これは男女平等の考え方が広まるにつれて、さすがにおかしいということになりました。

もちろん、DVは相変わらずたくさんあります。女性が男性を攻撃するDVや同性カップルのDVもありますが、割合からいうと、男性が加害者で女性が被害者のDVが多く、決してなくなっているわけではありません。ただ、DVへのまなざしは変わりました。

授業で学生たちに「DVってどう思う?」と聞くと「そりゃだめでしょ」と言います。「じゃあ、こんな場面はどう?」と例をあげます。夫が会社員で、専業主婦の妻が乳児を抱えて家にいる。夫が残業で疲れて帰ってくると、家のなかが散らかったままで、流しには汚れた食器が積み上がり、子どもはギャンギャン泣いていて、妻は「何でこんな時間に帰ってくるのよ」と食ってかかる。こういう状況があったとして、「さあ、この妻を殴っていいでしょうか」と言うと、「さすがに殴るのはよくないと思います」と言う人がほとんどです。ここまできました。ちょっと前なら、妻の務めは家事で、夫が疲れて帰ってきたら、ご飯ができていて、お風呂が沸いているのが当たり前でした。その務めが果たせていなかったら、夫が怒って、つい妻をたたいてしまっても、「そりゃあ夫だって、たたきたくもなりますよ」というのが一昔前です。でも、さすがにいまはそれがなくなりました。なのに、相手が子どもだと、たたいていいことになっています。

道でおとながおとなをたたいたら傷害事件です。職場で上司が部下をたたくのはブラック企業です。たとえば私が、学部長の言うことに従わなかったとします。学部長室に呼ばれて、ぶん殴られるかというと、絶対そんなことはありません。おとながおとなを殴るのはひどい侮辱を与えることで、あってはならないことです。ところが、相手が子どもだったら、ありになっています。

それは「子どものくせに」とか「子どもの分際で」とか「子どもの言うことは当てにならない」という発想があるからです。これは「子ども差別」です。CAPセンター・JAPANの「子どもへの暴力防止のための基礎講座」でこの言葉を知って、私はそれが世の中にあふれていると思いました。しかも、子ども差別は子どもの心に内面化されています。子ども自身が、小・中・高、そして大学生ぐらいの年代になっても、子どもはおとなに比べたら一段低い存在だという感覚をもっているのです。

普通の差別問題は被害者が抗議します。障害者差別でも女性差別でも、差別されて悔しいから声を上げます。女性が「同じ仕事をしてるのに給料が違うってどういうわけだ」と裁判を起こします。障害者も「行きたいところに行けるはずなのに、それが保障されないっておかしいじゃないか」とか「障害者だからアパートを借りられないって変だろう」と運動をします。その結果、男女雇用機会均等法や障害者差別解消法ができたりしました。

ところが、子どもは、差別されても仕方がないという気持ちを心に埋め込まれてしまっているので、「くそ、親にぶん殴られた。悔しい」という感じには、なかなかなりません。

このことを私が実感したのは、留学生を対象にした留学生別科という授業で、日本の文化や社会について解説したときです。その年度はたまたま中国の学生が多かったのですが、「日本の部活では、よく先生が体罰を振るうんですよ」と言うと、「ええ？　信じられない。私なら殴り返します」と言うので、びっくりしました。日本の子どもたちは殴られてもあきらめてしまいます。悪いことしたら殴られても仕方がないという感覚が内面化されているなと思いました。

◉両者の関係性が問題

　では、どうすればいいでしょうか。ハラスメント問題と同じだと思います。ハラスメントの背景には力の強い・弱いがあります。力関係が対等でない場合、弱いほうの権利を尊重するためには、強い側が気を使わなければなりません。そうしないと、弱い側は言いたいことが言えなくなり、ハラスメントが起こりやすい関係になってしまいます。

　DVの場合も二人の関係性に注目すべきです。DV研修などで話すと、必ず「実は私、妻に○○をしたんですけど、これはDVですか」というような質問が出ます。そういう質問に対しては、一つひとつの行為を判定するのではなく、「関係性が重要です」と言います。「相手を怖がらせて言うことを聞かせていないかという関係性から見ましょう」と答えていますが、子どもとおとなの場合も、言いたいことが言える関係かどうかが重要だと思います。

　子ども差別は、子ども自身の心にも埋め込まれているので、なかなか解決がむずかしいのですが、「おとなと子どもの関係に上下のけじめをつけなかったら、子どもが生意気になって、教育を円滑に行えなくなる」という意見が根強くあります。たしかに、生徒になめられることに対する先生たちの傷つきや不愉快さはありますが、これはおとなのプライド問題だと思います。子どもとのあいだに上下のけじめをつけようと努力するよりも、自分のプライド問題に向き合うべきでしょう。

それから、「子どもは未熟な存在だから、善悪のけじめをつけるためにも懲らしめる必要がある」という考え方も根強いですね。たとえば、小さい子どもへのしつけとして、熱いポットや鍋に触ろうとしたら、危険を避けるために手をペチッとたたく。そうやって痛い思いをさせたら覚えるという話を聞いたことがありますが、「ちょっと待てよ」と思いました。そもそも、言ってもわからない幼い子の前に熱いものを置くなということです。言ってもわからないときには、痛みで覚えさせるのでなく、環境を整えなければならないと思います。

私は毎年、学生の卒論執筆をサポートしていますが、最近、「ぼっち」とかいじめ、スクールカーストをテーマにする人が増えています。「ぼっち恐怖症」というのでしょうか。いまの学生は、一人でいたら「ぼっち」だと思われるという恐怖心が強く、ランチのときや教室に入るときはだれかと一緒にしようとします。でも、大学に入ると、自分で時間割を組むので単独行動が増えてきます。おとなから指図されたりお膳立てしてもらったりすることが減って、自分で考えて行動する機会が増え、三年、四年と学年が上がるにつれて、多くの学生がぼっち恐怖症から解放されていきます。しかし、人目が気になるという気持ちがなかなか抜けない人もいます。

中学・高校の部活で、「こういう練習をします」と顧問から指示されるのに順応してしまうと、自分がこうしたいというアイデアがなかなか湧いてこなくなります。そのため、正解を求めるとか指示待ちになりがちなのかなという気もします。だから私は、自己主張することを促進すべきで、もっと「文句を言ってもいい」という雰囲気をつくったほうがいいと思います。

懲戒とは、罰すること、懲らしめることです。でも、懲らしめるのではなく、支援することが必要ではないでしょうか。行動を変えることを助ける働きかけです。

それから、真剣に怒ることも必要ですが、人格を否定するのではなく、行為を叱るという発想をすべきです。たとえば、「おまえはばかだな」とか「こんなこともできないのか」ではなく、「いま、こういうことしたけど、それはこうだよ」というふうに。そもそも、抽象的な言い方では伝わりません。「ちゃんとやらなきゃだめだろ」と言われても、「ちゃんと」って何でしょう。ぜんぜんわかりませんね。

◉説明・納得できるルールを

ルールをつくるなら、何のためのルールなのか説明できないといけません。学校のルール、つまり校則には謎の規則が多過ぎます。下着や靴下は白でないといけないとか、髪の毛が長い女子はうなじが見えるようなアップにしちゃだめとか、髪の毛が肩につくのはだめとか、意味不明です。もともと茶色っぽい髪の子を黒く染めさせたり、意味がわかりません。何のためのルールかわからないルールを守らせるのはおかしいですね。子どもが納得できるルールにするとか、ルールづくりやペナルティの設定に子どもを参画させるとかしたほうがいいと思います。

ノルウェーのダン・オルヴェウスが、いじめについての本[*5]を出しています。それによると、いじめていても自分に不利益が返ってこない状況があると、いじめは悪化していくとのことです。そういう状況だと、いじめても大丈夫、いじめて楽しいというので、どんどんエスカレートしていきます。だから、子どもたちも納得できる簡単なルールをつくって、ルールに違反したときには本人にちょっと否定的な結果になるようにしたほうがいいと言っています。否定的な結果というのは一種の罰ですが、何か損をするようなことです。ルールを守ったらいいことがあって、違反したらまずいことになる。そのまずいことは、多少不愉快で心地よくないが、応報的、敵対的な罰ではない。たとえば、何かを壊したときに、それを直す手伝いをさせるとか、廊下に水をぶちまけたら、それを拭くとかです。それも一人で見せしめ的にやらせるのではなく、「一緒にやろうね」という働きかけも必要だと思います。

オルヴェウスは、罰として宿題を余分にさせるとか、掃除当番を三週続きでやらせるとかはよくないと言っています。これは明らかに懲らしめられているわけで、「何でこんなこと、やらされるんだよ」という気持ちになりやすく、反省はあまり起こらないと思います。

基本的に反省を強いるというのは、うまくいきません。私も、学生にレポートの丸コピペをされたことがあります。先輩が書いたレポートを丸写ししたのでしょう。その学生は反省を強いられることになりましたが、あとから思うと、反省を強いても機能していませんでした。これからはばれないようにやろうと思ったかもしれないし、私に対して「ちょっと細かすぎる先生だ」という悪い印象が残ったかもしれません。あとで、どうして丸写しをしたのかを考えたのですが、たぶん、書けないという現実があったのだと思います。そこを考えないで、罰だけを与えて反省しろというのは、まったく親切ではなかったなと思いました。

＊5 ダン・オルヴェウスほか著、小林公司・横田克哉 監訳 2013『オルヴェウス・いじめ防止プログラム――学校と教師の道しるべ』現代人文社

おわりに

いろいろ考えてきましたが、体罰と体罰でないものの境界線は、やはりわかりにくいと思って、表にしました。

「指導者側の自己都合的な目的」とは、指導者が腹が立ったとか、ストレスとか、そういうものです。

学校教育法第一一条は、AとBは認めるが、Cは禁止します。そこで行政はBとCの境界線

体罰と体罰でないものの境界線

	法律上の懲戒	叱責する、起立・正座させる	身体への侵害
子どもに非がある。それを罰するため	A	B	C
子どもに非はない。指導者側の自己都合的な目的			D

を示そうとしてきました。

一般常識では、「指導者はBとCをしてもよいが、Dはだめ」というものが多く、CとDの境界線、あるいはCのなかの程度の差が問題となります。

したがって、境界線問題そのものも法律家と一般の人とのあいだで、ずれがあると思いました。

表では、「子どもに非はない」場合の「法律上の懲戒」と「叱責する、起立・正座させる」のところが空欄になっています。それは、そもそもありえないことだと思ったからです。でも、妊娠した女子生徒が退学を強制されることがあります。自主退学で、学校が法的懲戒として退学にするのではありませんが、限りなく「法律上の懲戒」に近いといえます。それから、子どもに非がないのに先生が叱責することは、先生の勘違いで起こりえます。

体罰から保護される子どもの権利について、子どもの権利条約委員会が解説した一般的意見八号では、体罰が次のように定義されています。

「どんなに軽いものであっても、有形力が用いられ、かつ何らかの苦痛または不快感を引き起こすことを意図した罰と定義する」。軽くたたくのであっても、苦痛や不快感を引き起こすことを意図して、罰として行うものは体罰だとしています。それから、体罰でなくても、辱めとか、侮辱するとか、見せしめに仕立て上げるとか、脅迫する、こわがらせる、笑いものにするような罰も、残虐で品位を傷つける罰だからやってはいけないと、かなり厳しい定義です。

ただし、子どものやることを何でも許すとか、子どもの言いなりになればいいということではありません。子どもには指導や指示が必要で、おとなには子どもを育てる責任があります。子どもが社会で生活できるように教えなければいけないし、子どもが望ましくない行動をした場合には、それを修正するための手助けをしなければなりません。それはまったく否定しません。しかし、有形力を用いる体罰や、辱めのような品位を傷つける罰はだめだということです。

そこで、体罰について生産的な議論をするためにはどうしたらいいかを最後に提起します。まず、体罰について溝ができないように話し合うには、個々の行為ではなく、おとなと子どもの関係性を見る必要があります。指導者とのあいだ、親とのあいだで言いたいことが言えるようになっているかということです。

また、子どもの望ましくない行動にどう対処するかも重要なテーマです。子どもが言うことを聞かなかったら、たたくしかないと考える人もいますが、たたく以外の方法があります。そんな「ポジティブ・ディシプリン」について書いた本もあります。しかし、日本では、たたかないでしつけるテクニックやスキルに関する情報がほんとうに広まっていません。いろんな対処法があるので、それを一緒に考えていただきたいと思います。

それから、子ども差別はそう簡単にはなくなりません。私自身も子ども差別を埋め込まれて育ってきました。子ども差別は私の心のなかにもまだ残っていると思います。だからこそ、子ども差別について、おとなたちはお互いに考えてみる必要があるのです。

最終的にはどういうおとなになってほしいと考えるのかがポイントだと思います。どうせなら、生き生きというか、別にいつも生き生きしていなくてもいいのですが、自分の人生を生ききったというか、人の言いなりにならないで、自分の価値観で自分の人生を生きていってほしいと思います。そのあたりが私の感触としてはぴったりきます。

学生を見ていると、すべてやらされている感じで、自分の人生に当事者意識がない人が時々います。それまで、勉強をはじめ、いろいろやらされてきたのでしょう。だから、大学にきたときには勉強にすごく嫌悪感をもっていたりします。そうなると、「新聞を読みましょう」とか「本を読みましょう」と言っても、言われたほうにはやらされ感がまず立ち上がってくるので、すごくまずいのです。そこまで学習が嫌なものになってしまったのは、ほんとうにおとなの責任だと思います。
では、どういう人になってほしいのか。やらされ感をもつのではなく、自分で自分の人生を選べる人になってほしいと思います。

参考文献
今橋盛勝・安藤博編 1983『教育と体罰——水戸五中事件裁判記録』三省堂
解説教育六法編修委員会編 2017『解説教育六法２０１７ 平成29年版』三省堂
牧柾名・今橋盛勝 1982『教師の懲戒と体罰——学校教育と子どもの人権』総合労働研究所
オルヴェウス、ダン 2013『オルヴェウス・いじめ防止プログラム——学校と教師の道しるべ』小林公司・横田克哉〔監訳〕、現代人文社
田村公江 2019「体罰はなぜ許されないか——学校教育法第一一条を子どもの権利から考える」『龍谷大学社会学部紀要』第52号、pp.24-37

第3部　子育て中の体罰

たたかないしつけを広めるために
高校生調査の結果から

神原文子

2018年2月4日
「たたかないしつけを広めるために―高校生調査の結果から」より

はじめに

きょうの「たたかないしつけを広めるためには?」というテーマは、中身をかなり幅広くし、それから、さまざまな角度から意見交換ができるのではないかということで決めさせていただきました。

ただ、私自身の専門が社会学で、実証研究をずっと行ってきましたので、今回の報告の内容も、社会学的な科学的根拠をふまえて、なぜこういうことが言えるのかという話をさせていただきたいと思いまして、資料の準備をしてきました。

前半は、体罰の定義についてです。体罰とは何かということから話をさせていただきます。

私自身がこの間、多くの文献研究をとおして、そこから学んできたことを中心にお話をさせていただきます。後半は、私自身が高校生を対象に実施したアンケート調査のデータを分析して、とくに「体罰容認意識」（保護者や指導者が、しつけのために、ときには体罰をふるってもかまわないという考え）が、どのように形成されるのかという要因に焦点をあててお話をさせていただきます。その分析結果をふまえて、どのようにして体罰を減少させることができるのかという点について、問題提起をさせていただきます。

体罰とは

体罰とはどういうことなのか、あらためて定義について確認です。私は、納得できる体罰の定義を見つけるために、国内外のさまざまな文献を調べました（Kambara 2020）。

まず、国連子どもの権利委員会が二〇〇六年に、体罰とは「どんなに軽いものであっても、有形力が用いられ、何らかの苦痛または不快感を引き起こすことを意図した罰…中略…体罰以外の形態をとるその他の罰も存在する。これには、たとえば、子どもをけなし、辱め、侮辱し、身代わりに仕立て上げ、脅迫し、怖がらせ、または笑いものにするような罰が含まれる」と定義しています（Committee on the Rights of the Child 2006）。

同じ二〇〇六年に、あとでも調査を紹介しますが、国連子どもの権利委員会が体罰に関して世界的な調査を行っています。さらに、このことを受けて、二〇一四年にユニセフが、「体罰とは、しつけの名目で、親、教師、世話係などによって子どもに加えられる暴力である」と定義しています（Global Initiative End All Corporal Punishment of Children 2015）。

私は、この定義に出合って、まさに、体罰は暴力だということが非常にすとんと腑《ふ》に落ちました。私自身も体罰は暴力というふうに定義をしていたのですが、果たしてそれでよいのかどうかについて、迷いがないわけではなかったからです。

私自身が体罰問題と向き合うようになったのは、実は、二〇〇三年に森田《もりた》ゆりさんの『しつけと体罰』が出版されたときに、すぐにその本を読んだことが大きなひとつのきっかけです。そのなかでは、「体罰は、恐怖感を与えることで、子どもの言動をコントロールする方法だ」と書かれていて（森田 2003）、非常に納得できると思ったのです。この内容については、あとでまたもう少しご紹介したいと思います。

対して、文部科学省は、二〇一二年の桜宮《さくらのみや》高校の体罰自殺事件以降、体罰とは、「教員等が児童生徒に対して行った懲戒行為について、……その懲戒の内容が身体的性質のもの、すなわち、身体に対する侵害を内容とするもの（殴る、蹴る等）、児童生徒に肉体的苦痛を与えるようなもの（正座・直立等特定の姿勢を長時間にわたって保持させる等）に当たると判断された場合」

という、ものすごく持って回ったような曖昧な定義をしているわけです。[*1]

体罰の定義について文献検索をしているなかで、田村公江《たむらきみえ》さんが書かれた「体罰容認の連鎖を断ち切るには」という論文に出合いました。そこには、スポーツ界においては、体罰という言葉ではなく、暴力行為という言葉が使われていることをふまえて、体罰とは「たたくなどの有形力を用いることであり、罰を与えるという行為を暴力と定義したい」と記されていました（田村 2014）。私は、この田村さんの定義も、国連子どもの権利委員会やユニセフの定義と通じるものとして、非常に納得したのです。

体罰と懲戒をどう区別するのかについては、二五年以上も前に牧柾名《まきまさな》さんは、子どもの人権保障の原理から、校長および教員の懲戒権行使の条件を、次のように指摘しています。すなわち、①子どもは人権の主体である、②教育法上の原則、すなわち、教育上の差別の禁止、真理・真実を学ぶ権利、子どもの人格権・名誉権の保障、子どもを含む教育における自主性が確保されること、③懲戒事由の明確化、④教育上の配慮義務、と明示しています（牧他 1992, pp.11-12）。

また、教育社会学者の今津孝次郎《いまづこうじろう》さんは、「身体的苦痛を感じない範囲内で、感銘力や説得力のある教育作用を及ぼすような『懲戒』は認められるが、身体を侵害し、教育効果を発揮しえないような有形力は、『体罰』として禁止される」べきだと書かれています（今津 2014, p.110）。

あわせて、今津さんの文献のなかで、わが国において「愛の鞭《むち》」は、おとなの意図を実現しようとして、子どもを強力に強制しようとする際に持ち出す魔術のような言葉だと指摘されていて、私は、魔術としての「愛の鞭」の呪縛を解きたいと考えるようになりました。

これらの定義をふまえて、私は、「体罰とは、親、教師、監督などが、懲戒権を有する子どもに対して、しつけや指導の名目で、相手をコントロールするために行使する有形の暴力である」と定義しています（Kambara 2020）。

ただ、暴力とは何かが問題になります。意外と、暴力とは何かという定義もあまり明確にされていません。そんななか、私は、「暴力とは、相手に対して有害となり、その相手を含む他者から非難をされるような刺激を与えること」と定義してきました（神原 2005）。

どういうことかというと、たとえば相手を痛めつけるようなことは、実際に、格闘技などのスポーツにもあるわけです。格闘技で、相手を投げ倒すとか、ボクシングだと殴るとかがあります。それと暴力がどう違うのかというと、それは、他者から非難されるかどうかというところが一線を画す点です。一定のルールにもとづいて、その相手にダメージを加えるかどうか、ルールなしで行うかどうかというところの違いだろうと考えています。

そして、あえて暴力について「刺激」という言葉を使っているのは、暴力のなかに暴言も入るからです。暴言は直接に身体的に侵害するわけではありません。たとえば、「ばか」とか「死ね」とかいう暴言は言葉の暴力です。それから言葉ではなく、たとえば、ヘビがカエルをにらみつけるような、脅しとかも暴力に入ります。刃物で脅して「言うことを聞け」というのも暴力です。ですから、暴力を、そういった有害で非難される刺激としてはどうかというふうに暫定的に考えているところです。

＊1　http://www.mext.go.jp/a_menu/shotou/seitoshidou/1331907.htm　二〇一八年四月三〇日閲覧

なぜ体罰は問題か

こういう体罰について、どんな文献を調べてみても、体罰に効果があるという内容の記述を見つけることはできませんでした。

◉体罰の六つの問題性——森田ゆり

森田ゆりさんの『しつけと体罰』では、体罰の六つの問題性があげられています。①体罰は、しばしばそれをしている大人の感情のはけ口であることが多い。②体罰は、子どもに恐怖を与えることで、子どもの言動をコントロールする方法である。③体罰は、即効性があるので、それを使っていると他のしつけの方法がわからなくなってしまう。④体罰は、しばしばエスカレートする。⑤体罰は、それを見ている他の子どもに深い心理的なダメージを与える。⑥体罰は、ときには取り返しのつかない事故を起こす（森田 2003）。ＣＡＰ（子どもへの暴力防止）のトレーニングを受けた一環で、この文献に出合ったのですが、このときに「なるほど」と思いました。

ただ、残念ながら、こういう問題性を指摘するための科学的根拠が示されていません。そのため、私自身はずっと一〇年くらい科学的根拠を探してきました。

そんななかで、ほんとうに最近ですが、二〇一七年一〇月二八日に東京で、セーブ・ザ・チルドレン・ジャパン主催の体罰に関するシンポジウムがあって、そのときに三名の方の報告がありました。

一人目が福井大学医学部の小児科医の友田明美《ともだあけみ》さん、二人目が国連子どもの権利委員会の日本代表の大谷美紀子《おおたにみきこ》さん、そして、三人目が弁護士の森保道《もりやすみち》さんでした。

ほんとうに、東京まで行った甲斐《かい》があったと思いました。

◉体罰が脳に与える影響——友田明美

友田さんの報告は、アメリカのハーバード大学で共同研究をするなかで、暴力、それから暴力だけではなくて、マルトリートメントという子どもへの不適切な対応が脳にダメージを与えることが、一五〇〇ぐらいの事例から明らかになったという内容でした。

すなわち、脳への影響という場合、体罰にはいろんな程度があるわけですが、欧米で体罰というと、けっこう、スパンキングという尻たたきなんです。尻をたたくとか、頬《ほお》をたたく、そういう体罰です。それらが虐待とは一線が引かれているのは、尻たたきをするとしても、子どもに傷害を与えることがないような程度だから問題ないといわれてきたからです。しかし、子どもに対して尻たたきとか、頬をたたくような体罰が繰り返されることによって、実際に脳にダメージを与えることが明らかになりました。

たたくことで脳にストレスを与えると、どういう影響をもたらすかというと、そのストレスによって脳の前頭前野が萎縮するというのです。萎縮することが、たとえば、メンタル面でのうつ、PTSD（心的外傷後ストレス障害）、薬物依存、統合失調症、乖離《かいり》現象、認知障害、内臓疾患などといったリスクを高める、たとえば内臓疾患のリスクが三五％増加する、平均寿命が二〇年短くなる、そういった研究結果が公表されました。

実は、友田さんの研究成果は、厚生労働省が二〇一六（平成二八）年七月に始めた「子どもを健やかに育むために～愛の鞭ゼロ作戦～」のキャンペーンのリーフレットで紹介されています。

私は、これは説得力があると思いました。子どもに体罰を行使すると、脳に傷害を与えますよ、と。友田さんによると、脳に扁桃体《へんとうたい》という箇所があって、たたかれると扁桃体が異常に興奮して、副腎皮質からストレスホルモンをすごく出す。ストレスホルモンがたくさん出ると、それが脳にとって非常にダメージになるのです。そのことによって前頭前野が小さくなる。前頭前野が小さくなると、自分のコントロールができなくなる。そして凶暴になったり、集中力が低下したりする。

さらに、友田さんたちの研究では、有形の暴力はダメージが大きいけれども、それよりもはるかにダメージが大きいのが暴言だそうです。暴言によって、ほんとうにストレスが高くなって、脳の聴覚野が変形する。それによって難聴になったり、聴覚異常が起こったり、会話が困難になったり、コミュニケーションが困難になったりする。さらに、面前DVなどで、視覚野という視力をつかさどる神経が萎縮して、他人の表情がわかりにくくなって、対人関係に支障をきたすということが、日本とアメリカの共同研究によって明らかになったそうです。

さらに、近年、指摘されているのは、虐待（abuse）という言葉ではなく、マルトリートメント（maltreatment）という言葉を使おうということです。これは子どもへの不適切な対応です。たとえば、子どもを無視する、怒鳴る、そして、体罰もそうですが、子どもに対する間違った愛情のかけ方とか、間違った世話の仕方とかをトータルにとらえて、そういうマルトリートメントが子どもの脳の変形をもたらすという研究に発展しているそうです。

マルトリートメントによって、子ども自身がアタッチメント障害（愛着障害）を引き起こすと、外に向けては、衝動とか怒りをコントロールできなくなる。たとえば、よく切れやすいとか、あるいは乱暴であるとか、暴れるとか、そういう症状ですね。他方で、アタッチメント障害が内に向かうと、自分を抑える働きをして、他人に無関心になったり、集中力が低下したり、人と顔を合わせられなくなったり、ということになりやすいのです。そのような抑えているものが、ワッと爆発すると、ハイテンションになったり、多動になったりということになるそうです。

さらにアタッチメント障害について指摘があったのは、普通、私たちは、うれしいときにうれしいと感動したり、興奮したり、悲しいときには、ものすごく涙が出たりするものですが、それはドーパミンというホルモンの働きによるらしいのです。ところが、アタッチメント障害では、そのドーパミンを放出する報酬系回路の活動が低下してしまうという報告がされていました。

どういうことかというと、健常児の脳の場合は、脳の中枢に線条体という細い線がいっぱいあって、線条体からドーパミンというホルモンがワッと放出されると、それが喜怒哀楽の表現になるらしいのですが、愛着障害の子どもの場合は、線条体の数がほんとうに少なくなっているので、うれしくても感情が表れない、悲しくても悲しいと思えなくなるというのです。そのために、ときには人間は、興奮状態になりたいとか、快感を味わいたいと思うときに、ドーパミンの働きが鈍くなっていると興奮しにくいので、たとえば、薬物によって興奮状態にするとか、アルコールを飲むことで快感を得ようとするということです。ですから、ドーパミンが出にくくなっている場合に、いわゆる依存症になりやすいという説明がされました。

医学的に、体罰やマルトリートメントのマイナスの影響が検証されたのは、ものすごく大きい成果だと思いました。そこで、さっそく友田さんの文献を注文して、一気に読んで、非常に納得したのでした（友田 2012、友田 2017）。

体罰の問題性に関する実証研究

もうひとつ、私が注目したのは、国連子どもの権利委員会が、世界中であらゆる体罰を禁止するように働きかけているのは、体罰は子どもの尊厳を傷つけるからであるということです。「子どもの権利条約」一九条に、子どもは親からの暴力やひどい扱いから保護される権利があるとうたっています。しかし、多くの国々では、まだ体罰の問題性について考えられていません。日本に対しても、子どもの権利委員会から勧告が出されているけれども、日本の国はそれを変えようとしません。そういう指摘が国連子どもの権利委員会の委員をされている大谷美紀子さんの話のなかでありました。

そこで、ここからです。では、社会科学や心理学も含めて、体罰に関してどんな実証研究がされているのかと、先行研究をずっと探していました。

はっきり言って、日本ではほんとうに実証研究がされていません。学校での体罰に関してはいくつか実証研究があるのですが、保護者による体罰に関する実証研究は、日本ではほんとうになされていないのです。一九九二年に、実証研究が一冊の文献になっているだけです。それ以降は、日本では、保護者による体罰に関する信頼できる調査・研究を、私は見つけることができませんでした。

◉E・ガーショフらによる二〇一六年のメタ分析

海外の体罰研究を調べてみると、体罰は学校だけの問題ではなく、むしろ保護者による体罰が体罰研究の主流です。実際のところ、私は世界中の研究を調べることができていませんが、たまたますばらしい論文に出合いました。

それが、エリザベス・ガーショフさんという、テキサス大学の家族心理学研究者によって書かれた論文です。この方が二〇〇二年に、それ以前に英語で書かれた体罰に関する研究を集約する論文を発表されました（Gershoff 2002）。そこからさらに一四年後、二〇一六年にメタ分析という分析法を使った論文が発表されたのです（Gershoff & Grogan-Kaylor 2016）。

実は、私はメタ分析という分析方法を知りませんでした。この論文を読むと、ガーショフさんは、四つの学術論文のデータベースから、たとえばspanking（尻たたき）とか、hitting（頬うち）という体罰に関するキーワードで検索して、一五七四件の論文を抽出しました。それら一五七四件の論文を一点一点調べて、学術論文に当たるかどうか、専門家によって査読されているかどうかで選択すると、五五八件の候補にしぼられました。さらに、五五八件の候補のなかから、四つの基準を満たしている論文を選び出しました。四つの基準というのは、①実証研究がされているかどうか、②体罰を行ったことと体罰の結果との関連について分析されているかどうか、③体罰を行使する保護者の評価がなされているかどうか、そして、④影響の大きさ（effect size）が明示されているかどうか——です。そのうえで、分析対象の体罰の種類を、比較的よく使われているが、それほどひどい体罰とは見なされていない「尻たたき」に限定すると、七五件の論文が残りました。

そして、それら七五件の論文をぜんぶ記号化して整理すると、体罰がもたらす一三の結果が見えてきました。

一三の結果というのは、子ども期における①低い道徳的な内面化。これは、自分で善悪判断をして行動できないということです。だれかから言われたらやる。外的な力によって自分の行動をコントロールするということです。②攻撃性。③反社会的態度。④外面化行動障害、すなわち、外に向けて、たとえば、突然、声を上げる、多動になるなど、です。⑤内面化行動障害、これは自分自身の苦痛、抑うつ的な状況です。⑥精神的な健康問題、自殺念慮など。⑦親子関係がマイナスになる。⑧認知能力障害、これは、知能だけではなく、聴覚、視覚など、さまざまな認知能力が下がること。⑨自己評価が低くなる。⑩親から身体的虐待を受けるリスクも高くなる。また、おとなになってからの⑪反社会的態度につながる、たとえば、結婚した相手に対するDVであったり、デートDVであったり、子どもに対して虐待をするなど、です。そして、⑫精神的な健康問題。最後は、⑬尻たたきに対する肯定的態度、となっています。すなわち、体罰を受けた人がおとなになると、体罰も必要だと、体罰を肯定する態度になるということです。

これらの結果のなかで、⑬に関しては、体罰を受けた人ほど体罰を肯定しやすいというのは、因果関係なのかどうかは疑問です。体罰を受けたら自動的に体罰を容認するようになるわけではないだろうと思います。しかし、この点に関しては、あまり実証研究を見つけることができませんでした。後半でこの点についてお話しします。

◉体罰禁止法による効果

もう一点、実証研究に進む前に、体罰を法律によって禁止することの効果について、少しだけご紹介します。

二〇一七年時点で、世界のなかであらゆる体罰を禁止している国が五三あります。それらの国々において、あらゆる体罰を禁止する法律をつくることによって、どんな効果があったのかということです。

スウェーデンは一九七九年に、最初にあらゆる体罰を禁止する法律を制定しました。それから約二〇年のあいだに、子どもへの暴力や虐待が減少した、体罰に頼らないしつけの方法が広まった、子ども同士の暴力が減少した、そして、体罰が減少することで医療費の削減にもつながったということです。なぜかというと、体罰によって負傷すると、病院に行って、医療費が増えるわけです。スウェーデンでは、医療費はぜんぶ無償にしていますから、傷害を受ける子どもたち、おとなたちが多いと、それだけ国の医療費がかさみます。体罰を禁止して以降、そういう傷害による医療費が減少したそうです。さらに、犯罪も減少しました。そういう意味で、あらゆる体罰を禁止する法律をつくることによって、国家予算の削減になったというわけです。

五三の国々では、学校での体罰禁止だけではなく、あらゆる体罰を禁止する法律をつくっています。一部分だけ体罰を禁止する法律をつくっても効果が乏しいので、あらゆる体罰を禁止しなければならないと言われています。日本のように学校教育法で、学校での体罰を禁止するだけでは効果が乏しいということです。

二〇一七年の時点で、五三の国のなかに日本は含まれていません。なぜかというのが、あとの話の内容に関連するのですが、日本ではいまだに、「体罰は時には必要だ」という意見をもった人びとが少なくないのがひとつの理由であると考えられます。

セーブ・ザ・チルドレン・ジャパンが、二〇一七年七月に「子どもに対するしつけのための体罰等の意識・実態調査」を全国で二万人を対象に実施しました。そのなかで、〇歳から一八歳の子どもがいる一〇三〇人について、「あなたは過去に、しつけの一環として子どもをたたいたことがありますか」という問いがあって、「日常的にあった」は一・九%と少ないのですが、「ときどきあった」は三七・〇%、「1～2回あった」は三一・二%、「全くなかった」は二九・九%となっていました。すなわち、七割の人は、自分の子どもを、一、二度とか、ときどきとか、日常的にたたいているという結果になっています。

さらに、対象者二万人のなかで、「しつけのために、子どもをたたくことに対してどのように考えますか」という問いに、「積極的にすべきである」は〇・九%と少ないのですが、「必要に応じてすべきである」は一五・五%、「他に手段がないと思った時のみすべきである」は四三・八%で、何らかの条件つきで体罰は必要だと思っている人が六割を占めていました。「決してすべきでない」は四割でした。

二〇一七年の時点で、日本社会のなかで六割の人が体罰を仕方がないと容認しているという現状で、あらゆる体罰を禁止しましょうと声を上げても、なかなか耳を貸してもらえないことが、このデータからわかります。

しかも、体罰を容認している人が六割というのは、今回のこのデータだけではなく、日本のこれまでのいくつかの世論調査とか人権意識調査などを見ても、だいたい六割なのです。

なぜ、体罰容認意識に着目するのか

ここからは、体罰を容認する人の考え方についてです。田村公江さんの前述の文献から引用させていただきます。とくに体育会系で部活をしている学生に聞き取りをして、そのなかでの語りです。

「集中力を欠いたプレーをするとか、見送り三振をするなど、自分に非があると思うときには、体罰を納得してきた」、「体罰を受けたことを、いまではよかったと受け止めている」、「筋の通ったことで怒られるのは、いいと思う」、「言葉でわからない場合は、平手で一発というのはありだと思う」、「言葉で言ってもわからない場合には、一発たたかないと舐《な》められる」。

こういった聞き取りをふまえて、田村さんは、「生徒たちが先生の怖さ、怒りの度合いに応じて、言うことを聞くかどうかを決めるというのは、力によるコントロールに反応するという行動原理がすでに埋め込まれていることを示している」と解釈されています。この解釈がものすごく大事であると私は考えています。

すなわち、これは、体罰をずっと受けつづけると、自分の内的なセルフコントロールではなく、外的にコントロールされて行動するという、まさに、前述の「低い道徳的な内面化」につながっていくということです。

私も、折にふれて、学生とかいろんな人に体罰について考えを聞いてきましたが、ほんとうに同じようなことが影響していて、「体罰をふるっても、別に子どもを傷つけるつもりはないし、傷つけてもいない。軽くたたく程度なら問題はない」、「体罰がなければ、子どもは甘やかされて、わがままになってしまう」、「自分も親や教師から体罰を受けてきた。しかし、そのおかげでまともに育ったと思う」、「子どもが悪いことをしたら、痛みをともなってわからせることが必要だ」などといったさまざまな表現で、体罰容認の理由が語られました。

しかし、前述のガーショフさんの研究では、体罰に何らかの効果があるという結果は、ひとつも示されなかったことが明らかになっています。

そうであれば、よい体罰と、よくない体罰が区別されるのではなく、体罰は暴力で、体罰は一〇〇%悪いのだということを確認したうえで、それにもかかわらず、なぜ多くの人びとは体罰を容認しているのだろうか、という点について議論を発展させなければいけないと、非常に感じます。

高校生調査より――体罰容認意識の形成要因

◉仮説構成

そこで、私自身の研究についてですが、実際に体罰をバシバシやっていますという方々に調査をお願いするのは、抵抗があってむずかしいので、子どもからおとなへの発達の途中段階にある高校生を対象にしたアンケート調査を行いたいと考えました。

親から体罰を受けながら育ってきた高校生が、やがておとなになる途中において、体罰についてどういうふうに考えているのだろうか。そのなかで、体罰容認の意識をすでに身に付けているとすれば、なぜなのかを明らかにすることが、彼らがおとなになってから体罰の加害者になることを防ぐと同時に、体罰容認意識を減少させる手立てを見いだすうえでも重要であると考えました。体罰容認意識というのは、たとえ体罰の加害者にならなくとも、体罰に対して傍観者となる可能性が高く、体罰を禁止する必要はないという世論を形成することにもなるからこそ、体罰容認意識がどのように形成されるのかを明らかにすることは、重要な分析課題であると考えたのです。

しかも、従来、体罰容認意識の形成に影響する諸要因について、明確にした実証研究はありませんでした。たしかに、体罰の実態や体罰容認意識に関する先行研究は、前述のガーショフさんたちが調べただけでも五〇〇以上ありました。しかし、ガーショフさんたちの文献リストのなかに、日本の実証研究は含まれていません。

日本において、体罰容認意識についての実証研究がまったくないわけではありませんが、いくつかの実証研究では、子どものころに体罰を受けた人ほど、体罰を容認するという知見が得られています。これがなぜなのかという点について、私としては納得がいかないのです。なぜ、子どものころに体罰を受けた経験と体罰を容認する意識とが関連するのかというメカニズムを明らかにしなければ、説明したことになりません。

そこで、図1のような仮説モデルをつくりました。いままでの実証研究を参考にしながら、体罰は、①女子よりも男子のほうが多くて、体罰を受けた人が、②「被暴力受容意識」を経て、⑤体罰も仕方がないと納得して受け止めている。そのひとつの理由が、体罰を受けても、③自分は親から愛されていると思える、自分の親は自分のためを思って体罰をしてくれた。だから、④自分は我慢をしなければいけないんだと思って我慢をしてきた。そして、⑤親からの体罰は

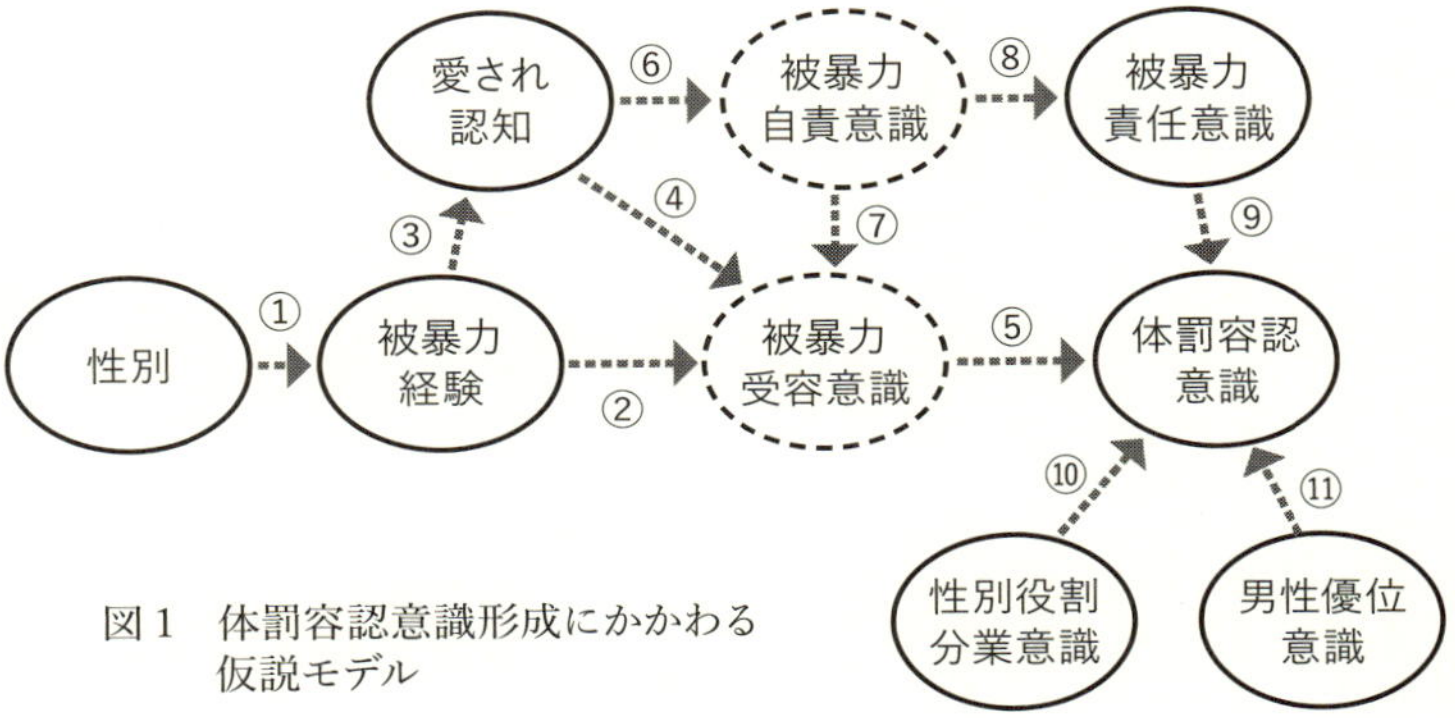

図1　体罰容認意識形成にかかわる仮説モデル

許すことができる。親は自分を愛してくれており、⑥体罰を受けるのは自分が悪かったからだ、⑧自分に非があるから仕方がないと納得する。そして、自分に非があるのだから、⑨ふるわれた体罰は当然だと受け入れる。

　こういう経路があるのではないかと仮説を立てたのです。ただ、実際の実証研究をするときに、かつて親から体罰を受けたかどうかとか、親は愛してくれていたと思うかどうかは調べることができますが、体罰を受けたそのときにどう思ったかという「被暴力自責意識」や「被暴力受容意識」については、データはとれません。図1で、これらの要因を破線で描いているのは、データによって実証することができないからです。

　高校生になったいま、調査ができるのは、一般論として体罰を認めるかどうかという「体罰容認意識」、それから、体罰は体罰を受けるほうに非があると思うかどうかという「被暴力責任意識」です。さらに、これまでの先行研究において、性別役割分業意識が強い人ほど体罰容認意識が強く、男性優位意識が体罰容認意識と関連するという知見も得られており、これらについても仮説を立てて実証することにしました。

◉用いるデータと基礎集計

二〇〇〇年代からずっと体罰に関する調査をしたいと考えてきましたが、実際に協力をしてもらえるところがありませんでした。しかし、二〇一六年に、ひとり親家庭で育っている高校生について実証研究をする機会を得ました。そのときに、ひとり親家庭で育っている高校生とふたり親家庭で育っている高校生で、いまの育ち方、自己肯定感、親子関係、生活で困っていることなどについて、何か違いがあるかどうかを調査するために、普通高校で協力を得ることができました。そこで、その調査のなかに親からの暴力経験や体罰容認に関する項目を入れました。

三つの調査を行いました。

ひとつめは、大阪府と大阪市のひとり親家庭を支援する団体に協力をお願いして、ひとり親家庭で育っている高校生を対象に四三八名よりアンケート調査の回答を得ました。ふたつめは、兵庫県の一私立高校の協力を得て、六六七名の全校生徒から協力を得ることができました。三つめは、沖縄の県立高校の生徒について、沖縄県の教職員組合と「しんぐるまざあず・ふぉー

表1　性別と学年

	性別				学年			
	合計	女性	男性	不明	1年	2年	3年	不明
合計	2041	51.6%	46.3%	2.1%	29.8%	35.8%	34.4%	0.0%
兵庫県	667	53.4%	43.9%	2.7%	28.8%	52.2%	19.0%	0.0%
大阪府	438	49.5%	48.4%	2.1%	17.1%	19.4%	63.2%	0.2%
沖縄県	936	51.4%	47.0%	1.6%	36.4%	31.7%	31.8%	0.0%

表2　性別と被暴力経験

	親から暴力をふるわれる						
	合計	しばしばあった	ときどきあった	1、2度あった	まったくなかった	不明	有意差検定
合計	1999	3.0%	8.9%	15.3%	70.5%	2.4%	p=.294
女性	1054	2.6%	8.0%	15.7%	71.5%	2.2%	
男性	945	3.4%	9.8%	14.8%	69.4%	2.5%	

注：有意差検定では、「不明」は欠損値とし、分析から省いている

らむ沖縄」が調査をすることになって、協力させていただきました。九三六名より回答を得ました。

その結果、学年はそれぞれ調査によって違いますが、最終的には、男女であまり差がなく、学年別でもあまり大きな差がないようなデータを得ることができました。表1です。

トータルで二〇四一名というのは、無作為抽出ではありませんが、分析に耐える数となりました。

表2の「親から暴力をふるわれた」について、「しばしばあった」「ときどきあった」「一、二度あった」という、一回でも暴力を受けた生徒は、男女差はなくて約三割です。

次に、表3の「保護者は十分な愛情を注いで育ててくれた」と思うかどうかという項目

表3　性別と愛され認知

	保護者は十分な愛情を注いで育ててくれた						有意差検定
	合計	あてはまる	まああてはまる	あまりあてはまらない	あてはまらない	不明	
合計	1999	52.5%	36.8%	7.5%	1.5%	1.8%	p<.001
女性	1054	58.0%	31.1%	7.1%	1.5%	2.3%	
男性	945	46.3%	43.1%	7.8%	1.5%	1.3%	

注：有意差検定では、「不明」は欠損値とし、分析から省いている

では、男女ともに、九割強が愛情を注いで育ててくれたと回答しています。データは省略しますが、ひとり親家庭とふたり親家庭とで有意差はありません。

表4は、体罰容認意識と関連する諸要因について集計したものです。

体罰容認意識を測る「子どもが悪いことをしたら、時には、体罰が必要だ」と思うかどうかについては、高校生は体罰をふるう立場ではありませんが、必要だと思うのは、女子が五割弱に対して、男子は六割と性差があることがわかります。

被暴力責任意識を測る「暴力をふるわれる方にも、ふるわれるだけの理由がある」と思うかどうかについては、理由があると思うのは、女子は三分の一程度ですが、男子は五割と男女差があります。

性別役割分業意識を問う「男性は外で働き、女性は家庭を守るほうがよい」については、「そう思う」と「どちらかといえばそう思う」を合わせると、女子は三五％ですが、男子は五〇％を超えており、男女差があります。

表4　体罰容認意識と関連する諸要因

変数名	調査項目		合計	そう思う	どちらかといえばそう思う	どちらかといえばそう思わない	そう思わない	不明	有意差検定
体罰容認意識	子どもが悪いことをしたら、時には、体罰も必要だ	合計	1999	19.8%	34.9%	28.6%	13.0%	3.7%	p<.001
		女性	1054	15.3%	33.4%	31.4%	16.3%	3.6%	
		男性	945	24.9%	36.5%	25.5%	9.3%	3.8%	
被暴力責任意識	暴力をふるわれる方にも、ふるわれるだけの理由がある	合計	1999	13.5%	33.4%	30.5%	18.8%	3.8%	P<.001
		女性	1054	8.2%	28.9%	35.8%	23.4%	3.7%	
		男性	945	19.5%	38.4%	24.7%	13.7%	3.8%	
性別役割分業意識	男性は外で働き、女性は家庭を守るほうがよい	合計	1999	13.1%	31.0%	29.7%	23.8%	2.5%	p<.001
		女性	1054	7.9%	27.9%	34.5%	27.6%	2.1%	
		男性	945	18.8%	34.4%	24.2%	19.6%	3.0%	
男性優位意識	男性は女性よりもさまざまな面で優れていると思う	合計	1999	8.0%	19.6%	38.8%	29.3%	4.4%	p<.117
		女性	1054	6.7%	19.2%	39.7%	29.8%	4.6%	
		男性	945	9.3%	20.0%	37.9%	28.7%	4.1%	

注：有意差検定では、「不明」は欠損値とし、分析から省いている

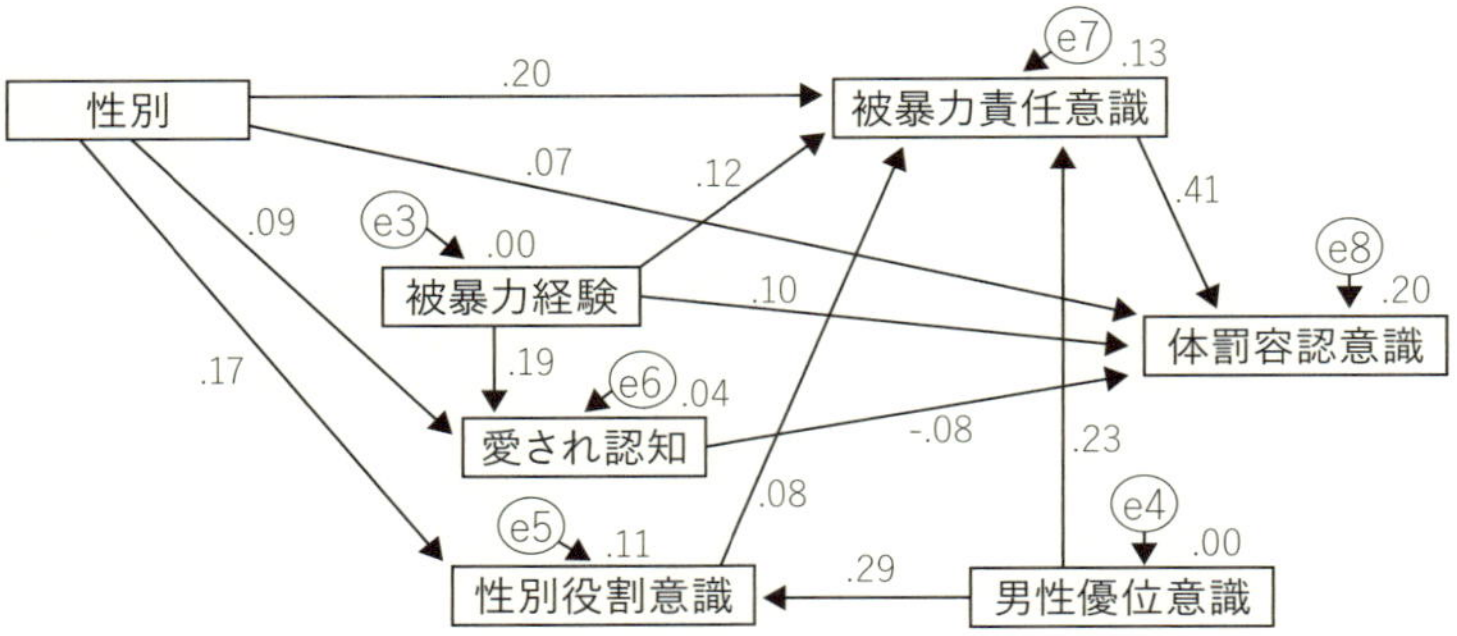

図２　体罰容認意識に影響する諸要因の分析

ただ、男性優位意識を問う「男性は女性よりもさまざまな面で優れていると思う」かどうかについては、男女のあいだで有意差はありません。男女とも約3割が「そう思う」「どちらかといえばそう思う」と回答しています。

◉体罰容認意識に影響する諸要因

これらの項目をぜんぶまとめて分析しないと、体罰容認意識に影響する諸要因は見えてこないと考えて、ＳＰＳＳのAmosという統計ソフトを使って分析を試みました。共分散構造分析という方法で、上記の七つの変数を同時に加えて、パス解析という分析を行いました。欠損値を除き、有効数は一七七〇人です。

図2は、最終的な分析結果です。適合度指標、すなわち、分析結果が統計的に意味のある妥当性を有しているかどうかの基準として、CFI=.998, RMSEA=.01となっており、モデルとして適合度が高いと解釈できます。

表5　地域別・共分散構造分析による推定値

			全高校生 1770名	兵庫県 587名	大阪府 377名	沖縄県 806名
			推定値	推定値	推定値	推定値
性別	→	愛され	0.091	0.126	0.085	0.073
性別	→	被暴力責任	0.196	0.208	0.155	0.211
性別	→	体罰容認	0.068	0.154	0.008	0.035
被暴力	—	愛され	0.187	0.164	0.275	0.151
愛され	→	体罰容認	-0.081	-0.112	-0.005	-0.096
被暴力	→	被暴力責任	0.121	0.156	0.146	0.039
被暴力	→	体罰容認	0.100	0.126	0.075	0.073
性別役割	→	被暴力責任	0.075	0.058	0.076	0.083
性別	→	性別役割	0.169	0.143	0.125	0.209
男性優位	→	被暴力責任	0.230	0.184	0.287	0.244
被暴力責任	→	体罰容認	0.406	0.427	0.355	0.414
男性優位	—	性別役割	0.290	0.290	0.317	0.276
CMIN/DF			1.182	1.009	1.398	1.076
CFI			0.998	1.000	0.982	0.998
RMSEA			0.010	0.004	0.033	0.010

図2によると、体罰容認意識に対して被暴力責任意識が.41と高い関連があり、被暴力責任意識に対して男性優位意識が.23、性別が.20と高い関連があることがわかります。

図2は、三つの調査を合わせて分析したのですが、表5は、兵庫県高校生、大阪府高校生、沖縄県高校生のそれぞれのデータについて別々に、同じ分析方法を試みたものです。

そうすると、データ数が少ないところは影響が表れないところもありますが、たとえば、男女によって被暴力責任意識が違うことについては、兵庫県、大阪府、沖縄の高校生で、共通した関連が見られます。

男性優位意識が被暴力責任意識に影響することも、全部の調査で共通した結果が見られます。被暴力責任意識が体罰容認意識に影響するという点についても、非常に高い数値で共通に見られます。また、男性優位意識と性別役割分業意識との関連は、当然といえば当然ですが、ここでも共通して影響が見られます。

◉分析結果と考察

以上の分析から、大きく四点の知見にまとめることができます。

〈知見1〉被暴力経験があるほど、体罰容認意識が高い。

暴力を受けた人ほど、そうでない人よりも体罰容認意識が高いという知見は、従来の知見を追証する結果となりました。

〈知見2〉被暴力経験があるほど「愛され認知」は低くなるが、「愛され認知」が高いほど体罰容認意識は高くなる（〝愛の鞭効果〟）。

被暴力経験と「愛され認知」との関連については、表6のデータを見ていただくと、有意差が見られます。

表6によると、たしかに、暴力をふるわれたことがまったくない人の九四％が、親は「十分な愛情を注いで育ててくれた」と思っていて、暴力を受けた人ほど、統計的には有意に、愛さ

表6　被暴力経験と愛され認知との関連

		十分な愛情を注いで育ててくれた				
		合計	あてはまる	まああてはまる	あまりあてはまらない	あてはまらない
	合計	1770	54.2%	36.9%	7.5%	1.4%
親から暴力をふるわれる	まったくなかった	1288	59.6%	33.7%	5.7%	1.0%
	1、2度あった	273	43.2%	43.6%	11.4%	1.8%
	ときどきあった	160	35.0%	50.6%	12.5%	1.9%
	しばしばあった	49	36.7%	38.8%	18.4%	6.1%

χ 2=76.106　df=9　p<.001

れたと思っている割合が低くなっています。しかし、表6によると、親からけっこう暴力をふるわれていても、七割以上が、親は「十分な愛情を注いで育ててくれた」と思っています。

ここが〝みそ〟というか、〝みそ〟という言い方は変ですが、重要ポイントといえそうです。子どもは、親から暴力を受けていても、それでも、親は自分を愛してくれていると思いたい、思っている。そう思っているかぎりは、一方で、親の暴力を許すほうに意識が向いていくのではないかと考えられます。

親から体罰を受けるほど、親は自分のことを愛してくれているとは思えない傾向はありますが、しかし、親から体罰を受けていても、親は自分のことを愛してくれていると思っている人はかなりの割合でいます。親から暴力をふるわれるのはつらい。もしかすると、親は自分を愛してくれていないのではないかと思うけれど、いや、そんなことはない、親は自分のことを愛してくれているに違いない、そう思いたい。だから、たとえ親から体罰を受けていても、親は自分のことを愛してくれていると思っているほど、親の暴力を受け入れようとする、親の体罰を容認するのです。この点が、ある意味で屈折です。まさに〝愛の鞭効果〟になるものと解釈されますが、推測の域を出ていません。

〈知見3〉被暴力責任意識は体罰容認意識への影響が大きい。

この知見は、「暴力は受けるほうにも責任がある」という意識が高いほど、体罰容認意識は高いということです。実際には親からぜんぜん暴力を受けていないと回答している人のなかで、三割ぐらいが体罰容認意識をもっています。「なぜ」と思うわけです。この「なぜ」のひとつの要因がジェンダー差です。ジェンダー差が影響しているのが性別役割分業意識で、性別役割分業意識と関連しているのが男性優位意識です。すなわち、男性優位意識が高い人ほど、体罰容認意識が高いという結果になり、ひとつのルートが見えてきました。

今回の実証研究だけではなく、法律的な面や医学的な面なども含めて体罰容認意識を減少させることが、ひいては体罰をなくしていくことにつながるのではないかと考えています。

まとめ

体罰容認意識の減少にむけて、必要な取り組みについてのポイントを示して、まとめとしたいと思います。

①まず、体罰容認意識をもったおとなが、体罰の加害者になりうるのみならず、体罰容認意識を支える世論の担い手になる可能性があることを確認しておきます。

②体罰容認意識の減少にむけては、体罰の定義として「体罰は有形の暴力である」ことを明確に示す必要があります。懲戒とは違う、あるいは、体に有形の侵害があるかないかといった曖昧な定義ではなく、「体罰は暴力である」ということを明記すれば、「しつけのために多少の暴力は構わないだろう」とか、「よい暴力と悪い暴力がある」といった言い訳は、だれもしなくなるはずです。

③あらゆる体罰を法的に禁止することによって、体罰容認意識を減少させることができるに違いありません。

④保護者にむけては、たしかに「愛の鞭ゼロ作戦」は一定の効果があるのかもしれませんが、保護者に対しては、「子どもを愛している親は、体罰という名の暴力を使わない」といった、よりストレートなメッセージを伝えるほうが効果があるのではないかと提案したいです。

⑤もちろん、暴力に頼る必要のないしつけ方法やアイデアを広めていくことも大事だといえます。

⑥子どもたちに対しては、暴力をふるわれるいかなる理由もないこと、暴力をふるわれそうになったら、「NO」と言ってよいこと、暴力をふるう人がかっこいい人ではないこと、さらに、「愛の鞭」といった魔術にとらわれないこと、といったメッセージを周知することが重要であると考えます。

⑦最後に、被暴力責任意識に影響を及ぼしている男性優位意識、その背景となっているジェンダー不平等な社会システムを変えていくことが、あらゆる暴力にストップをかけていくうえでも重要な課題といえるでしょう。

もう一点だけ補足しておきます。

今回、体罰容認意識との統計的に有意な関連は見られなかったのですが、高校生のなかで、親から暴力をふるわれている高校生ほど自己肯定感が低い傾向が見られ、自己受容感も低いという結果になりました。

このことは、暴力を受けることが体罰容認意識につながるだけではなく、高校生自身の自己肯定感や自己受容感が下がったりするリスクがあるという面でも大きな問題であると考えます。もちろん、さらなる実証研究が必要です。

引用文献

Committee on the Rights of the Child, 2006, General Comment №8 : The right of the child to protection corporal punishment and other cruel or degrading forms of punishment (arts.19 ; 28, para.2 ; and 37, inter alia) (CRC/C/GC/8).

Gershoff E. T., 2002, Corporal punishment by parents and associated child behaviors and experiences: A meta analytic and theoretical review, *Psychological Bulletin*, 128-4, pp.539-579.

Gershoff E.T., & Grogan-Kaylor, A., 2016, Spanking and child outcomes: Old controversies and new meta-analyses. *Journal of Family Psychology*, 30-4, pp.453-469.

Global Initiative End All Corporal Punishment of Children, 2015, Corporal punishment of children: summary of research on its impact and associations. http://endcorporalpunishment.org/wp-content/uploads/research/Research-effects-summary-2015-05.pdf/ (accessed on August 1, 2017).

今津孝次郎 2014『学校と暴力——いじめ・体罰問題の本質』平凡社

神原文子 2005「家族と暴力——ドメスティック・バイオレンスの生成過程とコントロール」宝月誠・進藤雄三編著『社会的コントロールの現在』世界思想社、pp.213-227

Kambara Fumiko, 2020, "Formation of Consciousness to Accept Corporal Punishment : Based on a Questionnaire Survey on the Lives of High School Students" 神戸学院大学現代社会学会編『現代社会研究』6、pp.38-55

田村公江 2014「体罰容認の連鎖を断ち切るには—『部活における指導のあり方について語ろう』企画から見えてきたこと—」『龍谷大学社会学部紀要』27、pp.1-12

友田明美 2012『いやされない傷——児童虐待と傷ついていく脳』診断と治療社

友田明美 2017『子どもの脳を傷つける親たち』ＮＨＫ出版

牧柾名・林量俶・今橋盛勝・寺崎弘昭編 1992『懲戒・体罰の法制と実態』学陽書房

森田ゆり 2003『しつけと体罰——子どもの内なる力を育てる道すじ』童話館出版

虐待について今日からできる一〇のこと
子育て支援の現場から

九門りり子

2015年10月17日
「子育てと体罰について考える
―子育て支援の現場から」より

子ども家庭サポーターと「ポラリス」

大阪にある公益社団法人子ども情報研究センターは、子どもの人権擁護にかかわる相談事業、保育事業、研究事業などを行っている民間団体です。そのなかにサポーターネットという部門があり、私はいま個人会員としてそこに所属しています（現在は活動を終了）。

ずいぶん以前の話になりますが、大阪府が二〇〇一年から二〇〇六年まで「子ども家庭サポーター」という愛称で、虐待防止アドバイザーとなる市民ボランティアを養成した事業[*1]について、みなさんはご存じでしょうか。その当時求められたのは、増えつづける児童虐待に対応するために、地域で行政と協働して子育て支援や虐待防止にとりくむためのボランティアでした。

このボランティア養成事業を子ども情報研究センターが受託し、その後、子ども家庭サポーターが大阪府内に一〇〇〇人以上誕生したことを受けて、お互いにつないで関係づくりを行うという目的で立ち上がったのが、「サポーターネット」[*2]です。

子ども家庭サポーター養成講座の受講生のなかには、民生委員や主任児童委員の方で、ご自分のスキルアップのために受講したという方もおられましたが、そのような方々ばかりではなく、受講してから何かをしようかなという人もおられたようです。

その当時、児童虐待ということが世間でも言われ出したころで、私としては、虐待防止のためにできることがある、さあ、やろうというよりは、自分として何ができるかについては、まだ漠然としていて、むしろ、私にも何かできることがあるんだろうかということを知りたくて、受講したように思っています。

その後、そのサポーターネットのなかでフォローアップ講座などに参加しているうちに、世話人をやらないかという誘いを受けることになってから、サポーターネットに深くかかわるようになりました。

いま、私が活動している「ポラリス」という団体は、大阪府交野《かたの》市でその養成講座を修了した有志が、何かできないかということで立ち上げた会です。

当初から、子ども家庭サポーターという名称にこだわって、カッコ付きで「交野市子ども家庭サポーターの会」と名乗っていますが、いまいる一三人のメンバーのうち半分は、子ども家庭サポーター養成講座の修了生ではなく、その後、同じ思いをもつ仲間として加わった人々です。

＊1　子ども虐待防止アドバイザー（子ども家庭サポーター）養成事業、大阪府から委託を受けて、公益社団法人子ども情報研究センターが実施。二〇〇一年から二〇〇六年の六年間に、一〇回開催（全三八講、毎回一〇〇名修了）、大阪府内で一〇〇〇人が養成され、事業は終了。

＊2　大阪府子ども家庭サポーター協議会（サポーターネット）は、一年間のサポーター協議会準備会を経て、二〇〇五年五月に設立。二〇一九年三月、冊子『子ども家庭サポーターの歩み　児童虐待防止に向き合って2000年度〜2018年度』を発行し、活動終了。

サポーターネットでの取り組み

ポラリスの活動についてお話しする前に、サポーターネットで行ってきた取り組みについてお話ししたいと思います。サポーターネットでは、立ち上げた当初は、子ども家庭サポーターのフォローアップなどを行っていました。

そのようななか、五年前の二〇一〇年に大阪市西区で、二児の放置死事件がありました。みなさんもたぶん記憶されていると思います。

母親が逮捕されて、その後、二〇一一年に裁判が始まりました。この事件について、子ども情報研究センターのなかで、捨て置けない事件ではないかという声が上がりました。そこで、チームを組んで裁判の傍聴をしようという話になって、裁判を追っかけるようになり、やがてサポーターネットが引き継いで、いまにいたっています。

その裁判のなかで、みなさんも事件の概要はご存じだと思いますが、被告になった若い母親の、母親としてのあり方が、マスコミでも非常に糾弾されて、法廷で裁かれ、断罪されているような印象を、傍聴席から見ていた私たちは非常に強くいだきました。本人は殺人という意思を否定したのですが、結果として殺人の意思があったということで、三〇年という懲役刑となりました。

ここでは、被告のかかえていた虐待によるトラウマという問題は、あまり注目されませんでした。実際には、彼女がずっと子どもを育てて離婚し、離婚後も子どもを一人でかかえて生活していたあいだも、まわりのだれにも気づかれることなく、ただ一人で二人の子どもを育てるように強いられて、その結果があのような事件につながったのだと、私は思っています。

裁判のなかで、彼女が自分の理想とする「良い母」というものを追い求めていて、（自分が理想とする良い母親になるべきだと）ものすごくぎりぎりまでがんばっていたことを知りました。

最終的には、結局、良い母親であろうとすることを放棄するような事態になって、あのような事件にいたったのですけれども。

ほんとうは、本人としては心の底から、ぎりぎりまで幸せな家庭を願っていたし、自分はよりよいお母さんになりたいとずっと願っていたんだなということをひしひしと感じながら、私は傍聴席から痛ましい思いで見つめていました。

その後、この事件を受けて、子ども情報研究センターでは、虐待事件をずっと追いかけて、『ネグレクト 育児放棄――真奈ちゃんはなぜ死んだか』という本を書かれた杉山春《すぎやまはる》さんの講演会をしました（「SOSはなぜ届かなかったのか？〜西区二児放置死事件が問いかけるもの〜」二〇一三年五月二六日、社団法人（当時）子ども情報研究センター第四一回総会記念企画）。

私たちは、この事件についてシンポジウムを開催したり、子ども情報研究センターの機関誌である『はらっぱ』に、「大阪市西区二児放置死事件から　私たちが何をするべきかを考えた」という記事にして掲載してもらったりしてきました（石打・九門 2013）。

「良妻賢母」と「母の基準」

このような活動をとおして、サポーターネットでいろいろな話し合いをするなかで、ネグレクトと言うけれど、ネグレクトという概念そのものが、いかにも、「よい養育」「あるべき子育ての姿」というものをまず想定して、そこにあてはまらないものをネグレクトだと言っているのではないか、あるべき姿とは何だろうか、よい養育というものがあるんだろうかなど、より深く考えるようになりました。

単にネグレクトと言っているなかに、〝あるべき養育の姿ではないもの〟という意味が含まれていること、そういう〝あるべき姿を想定した〟言葉が独り歩きし、いま実際に子育てをしているお母さんたちを、情緒的に追い詰めることに加担しているという部分もあるのではないか、ということに気づくようになったのです。

そのころに、ちょうど、『少子化時代の「良妻賢母」』(スーザン・D・ハロウェイ)という本が出て、これはちょっと分厚いんですけど、みんなで少しずつ読んでいきました。あまり学術的とかそういうことではなく、みんなで読んで、ざっくばらんに意見を出し合ったり、一人ひとりが自分たちの経験を持ち寄って話し合ったりするといった読書会を、一年近くしました。

やはり、「良妻賢母」という言葉がいかにも大時代的というか、昭和な感じというか、そういうふうに実感しました。かつてのかっぽう着のお母さんみたいなイメージだったにもかかわらず、実際にいまもなお、子育てをしているお母さんたちのなかに、「良妻賢母」という言葉でないとしても、母親とはこうあるべきなのではないか、こうしないといけないのではないかという、そういう理想の形があるように思われます。

話し合いの場では、しばしば、理想の母親像でありたいと追い求めても、そうなれない自分を否定してしまったり、そうできない自分を認められなくて、すごく苦しんでしまっていたりするところはあるね、という話が聞かれます（『はらっぱ』二〇一四年九月号）。

いまは、この本を書評で紹介した水無田気流《みなしたきりう》さんという社会学者の『「居場所」のない男、「時間」がない女』という本を、読み進めているところです。

今度の『はらっぱ』では、サポーターネットが特集記事として「母の基準とは何か」といった内容をまとめることになっています（『はらっぱ』二〇一五年一一月号）。

「良妻賢母」という言葉に象徴されるような、「良い妻、良い母」の基準などというものはあるのだろうか。子育てのたいへんさがしばしば語られるが、「良き母」にとらわれてしんどくなっている部分もあるのではないか。そして、「良き母」であれという社会からの圧力も増しているのではないか——というようなことを、サポーターネットで特集記事にまとめました。水無田気流さんにも寄稿いただいています（水無田 2015）。

また、いま、一一月に開催される「関西子どもの権利条約フォーラム２０１５」で、「ネグレクトについて考える」ということで、ワークショップを企画しているところです。

子育てひろばで出会うお母さんたち

一方で、私自身は、地元の交野市で、ポラリスのメンバーと一緒に、地域での子育て支援にかかわってきました。私たちが行っている「ひろば」の活動をとおして、そこにくる親子の姿から、実際にいま子育て中のお母さんたちの状況について、ご紹介したいと思います。

ポラリスでは、立ち上げた当初は、何をしてよいかわからない状態で、市役所の子育て関係の部署を一つひとつ回りながら、何かできませんかということで活動を探していきました。そのなかで、たとえば、育児相談とか乳児健診のときに、お母さんたちのお手伝いや話し相手をするようなボランティアをするところから、サポーターとしての活動を始めました。

二〇一一年、いまから五年前に市のほうから、地域子育て支援拠点事業であるひろば事業を、一カ所運営しないかということで委託されて、住宅地のなかの自治会の集会所の和室をお借りして、「ぽらりすひろば」というひろばを開設しました。

ひろば事業というのは、そこで何かイベントをするから寄っておいでということではなく、地域に週三日から五日、六日くらいまで、いろんなかたちで、朝から夕方ぐらいまで場所として開いていて、地域で子育てしている方たちに、「子どもを連れてどうぞきてください」「居場所として使ってください」とお伝えしています。そこで子どもを遊ばせてもよし、保護者どうしでちょっとお話しするもよし、というような場所として開設することになっています。

全国にありますが、中学校区に一カ所つくるというのが厚労省の思惑らしくて、それに合わせて、交野市の場合は、中学校は四校区なので、たまたま空白地域であった校区に、うまい具合にあまり使われていない自治会の集会所があったのをお借りすることができて開設しました。

住宅地のなかのひろばなので、あまり遠くから車で乗り付ける方とか、そういう感じではありません。ほんとうに地域にお住まいの方がベビーカーを押したり、おんぶひもで子どもをおぶって連れてこられたりするという感じの、のんびりした雰囲気のひろばだと思います。

でも、そういうなかで、子どもさんとのかかわりについて、親御さんの様子を見ていると、なんかちょっと気になるかなということが、時々

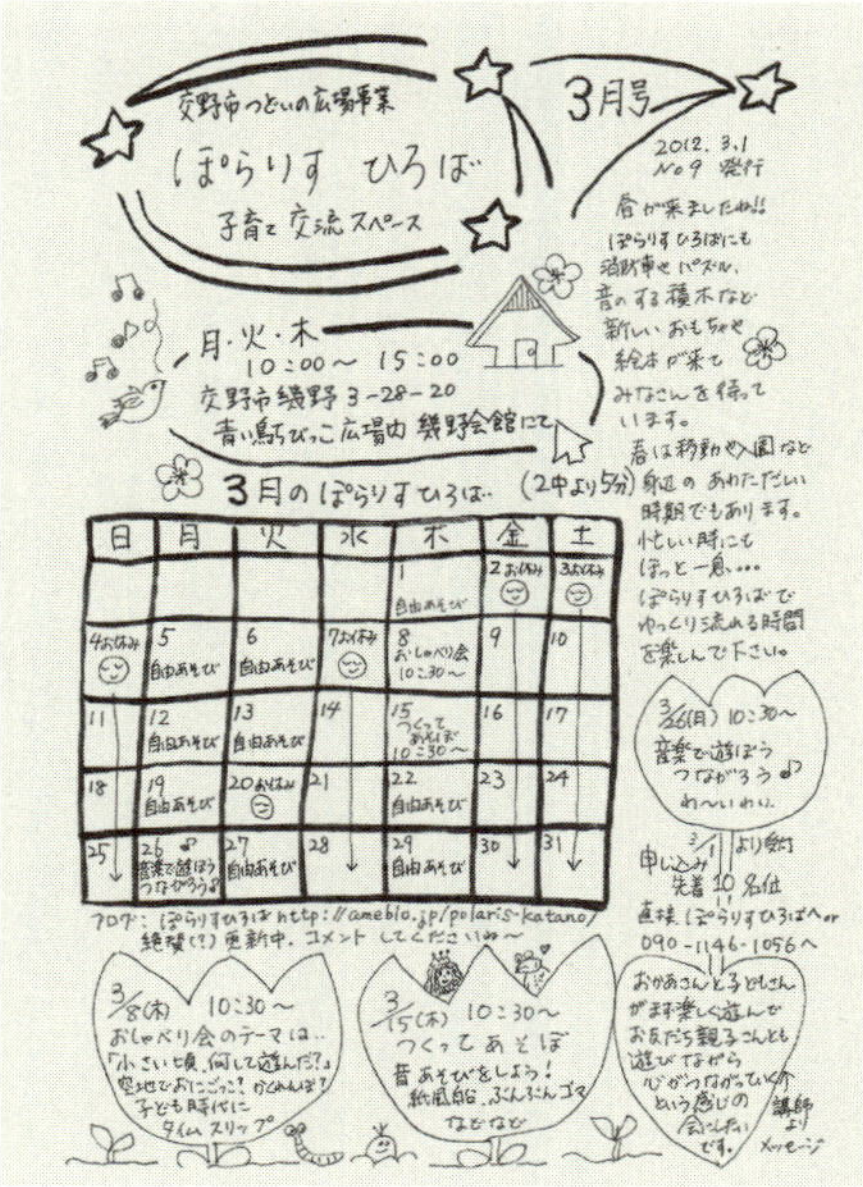

「ぽらりすひろば」2011年3月

あります。

私たちは、月に一回スタッフ会議を行っていて、そのなかで、気になる子どもへのかかわり方などについて話し合いをしながら、でも、できるだけ、「だめよ」とか「それはいけない」とか注意するのではなく、スタッフで状況を共有しつつ、「どういう対応をしたらいいんだろうね」などと話し合いをしながら、日々、親子さんとかかわっています。

◉子どもをたたく保護者

たとえば、親御さんが子どもさんに対して、「だめよ」という感じでパシッとたたくような場合があります。たぶん、ひろばという場だから、その親御さんは、私たちの目もあるし、ほかの親御さんの目もあるので、かなり抑えている部分もあるかなと思いますが、なかには、ふつうにポンとたたいて子どもを制止する、あるいは、多少の痛みを伴うほどの、パシッとたたくというケースも見られます。

私がたまたま目の前でそういう場面を見たことがありました。まだ一歳のお子さんでしたが、二、三歳上のお姉ちゃんがいて、お姉ちゃんをすごく追いかけて同じことをしたい時期でした。お姉ちゃんが私の前におもちゃを持ってきて遊び出したのを、その妹さんが横からきてパッと取ろうとしました。それを見ていたお母さんが、目の前でそのお子さんの手をパンとたたいたのです。

私は、「あっ」と思って、「たたくのはどうなんだろうな」と言いましたら、そのお母さんは、「だって、まだ言ってもわからないですから」と言われました。

一歳のお子さんであれば、すでにいろいろ状況を見ていて、話せばわかるのではないかなと、私たちからすると思います。しかし、ほかにも何人かの親御さんが、言葉を発しない子どもはおとなの言っていることがわかっていないから、言ってもわからないなら痛い目を経験させてわからせるしかないと思ってしまっていて、このときと同じように言われることが幾度もありました。

「子どもはね、でも、たたかれたということしか残らないし、たたくというやり方を覚えてしまうんだよね」と話しましたが、そのときに返ってきた言葉は、「でも、私もこうやって育てられましたし」ということでした。

でも、たぶん、すぐに子どもをパシッとたたくことは、まずいことなんだろうなということは、私たちの雰囲気やその場の空気から、きっと思われたとは思います。

それ以降も、何回か遊びにきてくれましたが、やはり何かあったときに、子どもさんが思いどおりにならなくてワーッと泣くと、お母さんがそれを力で抑えて、子どもさんを外へ連れ出すような場面も見られました。その後、あまりこられていないので、気にはなっています。たぶん、お母さんとしては、子どもをしつけるのにどうしていいかわからないし、子どもが泣いたりすれば、力で抑えつけるのが当たり前になっていたのではないかと思いました。

こういうとき、私たちスタッフは、できるだけ、そのお子さんの気持ちに寄り添って、「○○ちゃんはこうしたかったのかな〜」「こうしたいんだねぇ」などと声をかけたりします。そうすると、子どもは不思議とスッと落ち着いてくれたりすることもあります。

◉子どもがじっとしてくれない

別の例についていえば、ひろばのなかで、少々動きの激しいお子さんを持たれているお母さんが、「買い物とか行ってもじっとしてくれない。走り回ってしまってどうしていいかわからないんです」という話をしてくれたときに、「お家ではいいんですけど」と言われました。「家ではいい」とはどういう意味かなと思ったときに、おそらく家では、子どもさんがかなり激しくなったときには、力で抑えているのだろうと思いました。「家では自由にさせているけど」という意味では絶対ないと思います。外だと人の目もあるし、たたくわけにはいかないし、というニュアンスを感じたのでした。

家のなかでは、親御さんが子どもさんにこうしてほしいという思いが強いなと、感じることもよくあります。「散らかさないで」とか「汚さないで」というのは、思いますよね。

私も自分が子育てしてきた身なので、そう思いつつもどこかであきらめて、もういいや、みたいになってやってきたと思いますが、親御さんのなかには、子どもが思いどおりにならないと、かなり厳しかったり、きつい言い方になったり、という方もおられます。また、子どもにけがをされたくないということで、すごく神経質になっておられる方もいます。

ひろばでは、走る子には、一緒に動きながら、「ゆっくりゆっくり、お散歩しようか〜」なんてやって見せることもあります。お母さんには、「自分のこうしたいを、ある程度あきらめること」も大事かもしれないと伝えたいですね。「なかなかできないけどね〜」などと笑いを交えて。お母さんおひとりでたいへんなときでも、フッとこんなやり方を思い出してくれたらいいなぁと思っています。もちろん、うまくいくときばかりではないのですけれど。

◉子どもから目が離せない

このあいだ、ある親御さんから相談がありました。子どもに対して、「部屋から出ないで」とか「自分の見えないところに行かないで」というように、いつも思ってしまう。だから、子どもが遊んでいるリビングから出てしまわないように、そのリビングの扉に鍵をかけるというのはどうなんでしょう、と。

あからさまに、「だめよ」とは言いません。親御さんの気持ちはわかるので、お母さんがそこまで思ってしまう気持ちを受け止めつつというのが、私の立場です。でも、私たちが、「うん……」と言っているということは、これはあまりよくないんだなと、ご本人も気が付いたようで、その後どうしたのか、ちょっと、私は記憶がないので、またあとでメンバーに聞いていただきたいのですが。そんなこともあります。

家のなかの場所にもよりますが、チャイルドガードのようなものもありますし、最終、玄関の鍵はかけて、外には出られないようにしておく、という方法を取ることができます。そして、子ども自身が部屋の外までは行かないと、それこそ「あきらめる」とか……あくまでも、けがなどの危険回避の対策までなのかな、と思っています。

◉子どもを脅すメッセージ

それから、最近スタッフ会議で話題になったのは、スマホの「鬼アプリ（鬼から電話）」です。ご存じですか。鬼から電話がかかってくる。「何ちゃん、ほら、言うこと聞かないから鬼から電話がかかってきたよ」というので、実際、鬼の怖い顔が出て、「言うことを聞かないとだめだぞ」みたいなことを言うアプリがあります。話題になったのは知っていましたが、実際、それが、ひろばのなかで使われています。

子どもさんが、「帰りたくない」とか言うと、お母さんは、何時にお昼ご飯にしないといけないから帰らないと、となるわけですね。そういうときに、子どもさんは、まだちょっと遊び足りないとか、その子の気分があるので、「嫌だ!」とか言うときがあります。

待てるときはお母さんたちは待ってくれていますが、それがあまりにも長引くと、どうしようかになります。私たちも一生懸命説得に行ったりするんですけれどね。

そのようなときに、「ほら、言うことを聞かないと、鬼さんから電話がかかってきちゃうよ」と目の前でされたんです。

たぶん、よく使われているかなという感じで、お母さんはちょっとにこやかに笑いながらでした。子どももすぐに「はい、はい」と言うことを聞くわけではありませんが、やはり、何かこう脅しているな、脅しの道具だよな、と私には感じられます。

子どももそれは慣れていて、見たことがあるし、知っているけれど、やはり嫌だなと、おびえるような表情がちょっと見られたりします。

次は、お母さんが鬼化するぞという、お母さんからの暗黙のメッセージかもしれませんが、そういう脅しをして、子どもを怖がらせて、痛がらせて、結局、おとなの思いどおりに子どもを持っていくということですね。こういったことが、子育てのなかに、ごく当たり前のように入り込んできているということを感じます。

自分自身も、実は、男の子二人を育てています。ほんとうに自分の思うようにしたくて、子どもたちがかなり大きくなるまで、強い言葉で叱ったり、ときには手を出したりもしました。でも、いまではそれしか方法がなかったわけではないことを知っています。

「言ってもわからない」と、先にあきらめてしまうのでなく、わからないなりに何度でも伝えつづける根気が、自分にあったら違っていたのだろうと、いまでは思っています。

しつけと体罰

いまここにいるみなさんからすると、そういう体罰が暴力であることはわかっていらっしゃると思いますが、やはり現場では、体罰は必要ないということを日々実感しています。

しかし、支援者のほうにも、体罰は暴力だということをしっかり認識できているかどうかというと、そうとも言い切れない現実もあります。体罰はよくなさそうだけれど、では、支援者として、保護者の体罰をどうやって止めたらよいのかわからない、といったジレンマがあるように思います。

実際、子育て支援者を対象にした講座などで、場合によっては体罰も必要でしょう、という人に出会ったことがあります。ほんとうに、しつけのためには体罰も当たり前、と考えるような文化が、社会には根強くあるように思います。だから、わりに簡単にしつけの場で、バッと手を出したり、怖がらせたりということを、選択することになっているのかなと思います。

森田ゆりさんの『しつけと体罰――子どもの内なる力を育てる道すじ』という本があります。体罰というのは外的なコントロールである。しつけの本来の目的は、子どもが自分で感じ、考え、選択していくという内的コントロールをもてるようにすることなんだ、と書かれています。たぶん、そこをきっちり押さえているかいないかというところで、対応が変わってくるのかなということを、この本を読んで思いました。

子育てのなかでは、なぜ手が出てしまうのかということまで、考えないといけないと思います。

性別役割意識と子育てを見つめるまなざし

そこで、最初のサポーターネットに戻りますが、お母さんたちのなかでは、まだまだ、私が育てなければ、私がやらなければ、という気持ちがすごく根強いように思われます。ひろばにくるのは、平日、日中に家庭で子育てをしている方たちが多く、育休中の方もおられますが、育休中でも、基本的に専業で子どもを育てている方たちです。

そうすると、私が育児をするべきという考えが、すごく強いように思います。世間では、育児にかかわる父親を「イクメン」と呼んだりしていて、また、お手伝い感覚でならかかわってくれるお父さんたちも増えているのかもしれませんが、現状はどうかといえば、朝早くから夜遅くまで働いていて、実際のところ、ほとんど家事も育児もかかわることができないという父親たちが、多いのではないかと思います。

そのような父親たちの現状を当たり前のこととして受け入れて、できないんだったらしようがないから私が全部を引き受けようという、性別役割意識の強さがあるのだろうと思います。

もうひとつ、さっき言っていたように、言ってもわからないという発達段階の子どもに、どのようにしつけをするのかということですね。言ってもわからなければ、たたいてわからせるしかないという考えがまだまだ根強くて、このような考えが、はっきりと否定されていないのではないかと思います。

だれも子どもに暴力を加えようと思っていなくても、自分の思うように子どもを動かしたいという意識が強く働くと、言葉で言ってわからなければ、子どもをたたいてでも思いどおりにしなければ、ということになりやすいのだと思います。親は子どもをコントロールしてもよい、コントロールできるという意識が働いているのでしょう。実際には、親自身は子どものためと思っていて、子どもをコントロールしているという意識さえもない、あるいは、薄いかもしれませんが。だから、しつけと虐待とは紙一重です。子どもの思いを置き去りにして、おとなの都合を押しつけるようなことになれば、しつけの域を超えてしまいかねません。

おとなは子どもをコントロールする力をもっているということを、ほんとうは、もっと意識しないといけないのではないかと思います。

虐待について今日からできる一〇のこと

最後に、「社会の母に対する目線もきついよね」ということから、サポーターネットで、三年前の二〇一二年に、「児童虐待について今日からできる一〇のこと」を考えました。

サポーターネットと、世間でいわゆる〝ギャルママ〟といわれるような子育て真っ最中のお母さんたちと、コラボしてイベントをやったときに、「今日から、いまからあなたができること」として一緒につくったものです。ママ目線と支援する側の目線と、両方一緒になっているなと思います。これらがいつでも原点であると、迷ったときにはここに戻ってくれることを願っています。

これらが世の中に受け入れられたら、ずいぶんと母たちへの視線も緩やかになって、また、母自身も自分で自分を責めるようなことが、少しでも減るのではないのかと思っています。

最後に、「児童虐待について今日からできる一〇のこと」をお示しします。参考にしていただければうれしいです。

児童虐待について今日からできる一〇のこと

①子どもを見かけたら、笑顔を向ける
②子づれママを見かけたら、笑顔を向ける
③近所の子どもに話しかける、あいさつをする
④元気が足りない日は休む
⑤しんどいときは、「手伝って！」と言う
⑥しんどそうやなと思ったら、「手伝いましょか」と言う
⑦わからんときは、「わからん」と言う、子どもに対しても
⑧家族どうしでもほめあう、「ありがとう」って言いあう
⑨子どもに、「ダメ」「アカン」をできるだけ言わない
⑩近所の人たちといっしょに子どもの成長を見守る

参考文献

ハロウェイ、S・D 2014『少子化時代の「良妻賢母」』新曜社
石打澄江・九門りり子 2013「大阪西区二児放置死事件から——私たちが何をするべきかを考えた」社団法人子ども情報研究センター『はらっぱ』No. 343, pp.2-8
公益社団法人子ども情報研究センター『子ども家庭サポーターの歩み——児童虐待に向き合って　２０００年度～２０１８年度』
水無田気流 2015『「居場所」のない男、「時間」がない女』日本経済新聞出版社
水無田気流 2015「現代母たちの憂鬱」公益社団法人子ども情報研究センター『はらっぱ』No. 367, pp.2-4
森田ゆり 2003『しつけと体罰——子どもの内なる力を育てる道すじ』童話館出版
大阪府子ども家庭サポーターネット 2014「特集 母を追いつめるものはなにか」公益社団法人子ども情報研究センター『はらっぱ』No. 354, pp.2-8
大阪府子ども家庭サポーターネット 2015「特集 母の基準」公益社団法人子ども情報研究センター『はらっぱ』No. 367, pp.5-8
杉山 春 2007『ネグレクト：真奈ちゃんはなぜ死んだか』小学館
杉山 春 2013『ルポ虐待——大阪二児置き去り死事件』ちくま新書

非行の背景にあるもの
少年鑑別の現場から見た「体罰」と虐待

定本ゆきこ

2018年7月22日
「非行の背景にあるもの
一臨床の現場から見た
『体罰』と虐待」より

非行と少年鑑別所の役割

◉非行少年とは

少年法第三条には「審判に付すべき少年」として次の三つがあげられています。

①罪を犯した少年
②一四歳に満たないで刑罰法令に触れる行為をした少年
③次に掲げる事由があって、その性格又は環境に照して、将来、罪を犯し、又は刑罰法令に触れる行為をする虞《おそれ》のある少年

イ　保護者の正当な監督に服しない性癖のあること。
ロ　正当の理由がなく家庭に寄り附《つ》かないこと。
ハ　犯罪性のある人若《も》しくは不道徳な人と交際し、又はいかがわしい場所に出入すること。
ニ　自己又は他人の徳性を害する行為をする性癖のあること。

一般に、①を「犯罪少年（一四歳以上、二〇歳未満）」、②を「触法少年（一四歳未満）」、③を「虞犯《ぐはん》少年」と呼んでいます。

◉非行少年の処遇の流れ

少年が犯罪に相当することを行ったとされる場合、警察および検察の捜査のあと、少年に嫌疑があると判断されると、すべての事件が家庭裁判所に送致されます。成人であれば検察庁で起訴されたら地方裁判所に送致されますが、少年の場合は検察から家庭裁判所に送致され、家庭裁判所が事件について「調査」をします。その際、少年の身柄を少年鑑別所に収容して手続きを進める場合を「身柄事件」、そうでない場合を「在宅事件」といいます。「身柄事件」の場合、少年鑑別所に収容される期間は原則四週間以内です。

身柄を取って二八日以内に「鑑別する」のは「少年法」にもとづいて行っていますが、ちょっと短いとも思います。それでは職員に十分打ち解けないでしょう。でも、あまり長いあいだ収

非行少年の処遇の流れ

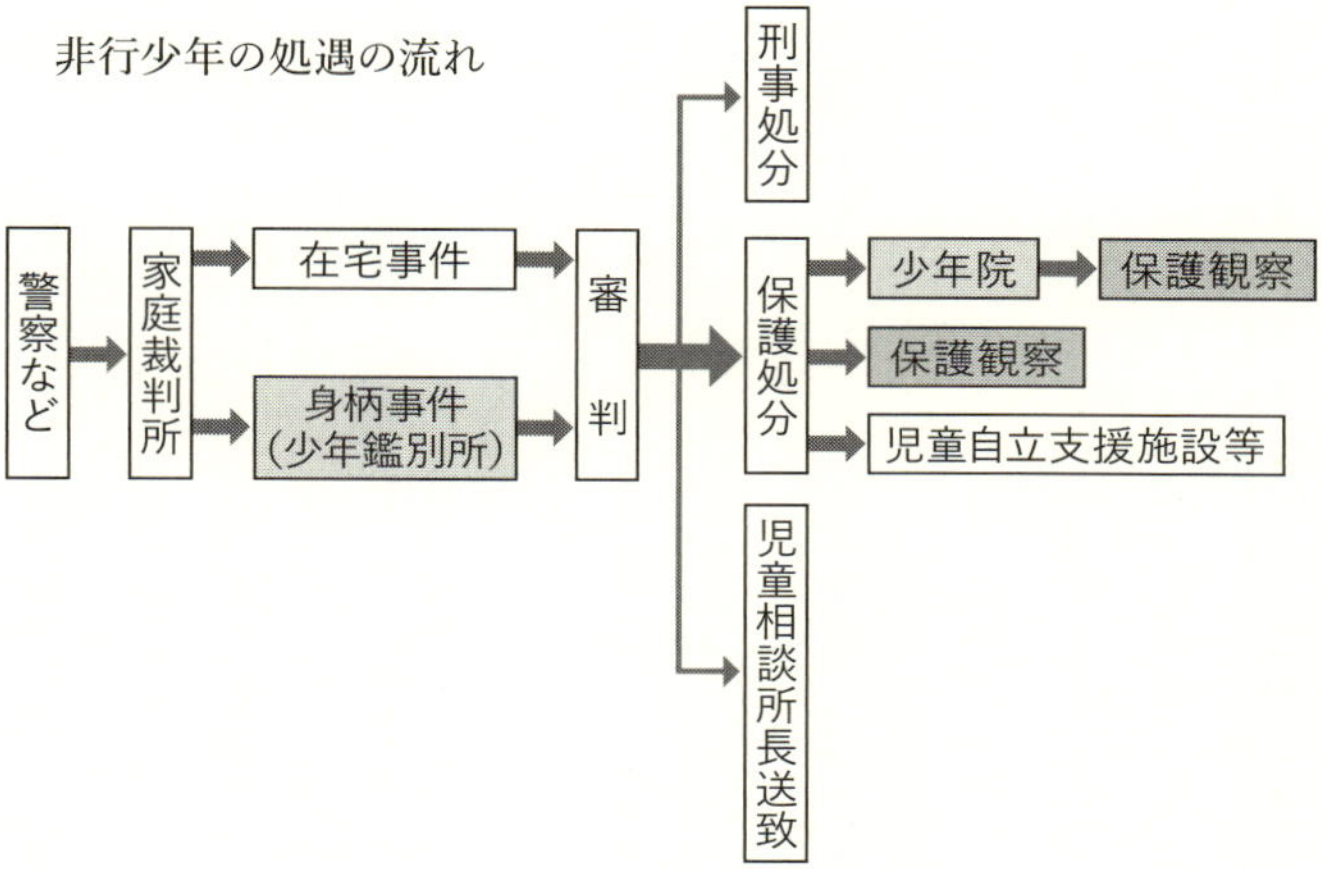

容することはよくないので、少年の人権も十分守りながらやっています。

その後、家庭裁判所で「審判」が行われます。「審判」の結果、刑事処分が相当であると判断される場合は検察官に送致されます（検察官逆送）が、そうでない場合は少年事件として手続きされ、多くは「保護処分」となります。「保護処分」には「少年院送致」「保護観察」「児童自立支援施設等送致」があります。また、「児童相談所長送致」になることもあります。

「審判」というのは、おとなでいえば裁判のことです。少年鑑別所は、「審判」にむけて鑑別結果通知書という公文書を作成します。それを書くことが、私たちの最終的な仕事です。その内容は、子どもがどういうふうに非行に向かったのか、この子どもが再非行にいたらないためには、社会は、私たちおとなは、どのような処遇をしたらいいのか、といったことです。そういう少年鑑別所からの通知書を家庭裁判所の裁判官が読んで、それをもとに「審判」を行います。

ある少年は少年院送致になります。それから保護観察、これがいちばん多いのです。少年院で教育をするほどではないけれど、社会のなかで更生するように、経過を見ながら保護観察所が指導します。だいたいは保護司という地域の篤志家の仕事です。二週間に一回ぐらい会ってもらって、保護司が話をして、ということが多いです。

それから、もっと小さい子とか、家庭的な状況がよくないのが非行の原因だという場合には、児童相談所に係属したり、それからまたは、児童自立支援施設というところに送致します。児童自立支援施設には夫婦小舎制という形態のものがあり、親代わりの寮長、寮母に愛されて、家庭的な雰囲気の寮のなかで暮らします。

それから刑事処分というのは、どの子も一応少年の年齢だけれども、これはもう少年としてではなく、おとなとして罰を与えましょうということです。

ご存じのように、二〇一八年現在、少年法は二〇歳までを対象としていますが、もうすぐ一八歳に引き下げられることになっています。でも、ここでは少年法の行き先については言いません(編者注)。基本的には反対しています。

「審判」による決定には、少年院送致、保護観察、児童自立支援施設等送致、刑事処分(逆送)、児童相談所長送致という五種類がありますが、それぞれに選択されるべき理由や根拠があります。その理由が大事です。

編者注　成人年齢を一八歳とする改正民法が二〇二二年四月一日に施行されたことに伴い、少年法が改正された。改正少年法においては、一八歳と一九歳の少年を「特定少年」として、刑事事件においては引き続き少年法が適用されることになった。ただし、検察庁へ送致（逆送）する条件が拡大された。

◉少年法の四つの理念

少年法の四つの理念は次のとおりです。

①教育主義、保護主義
②個別主義、科学主義
③関係者との連絡、協力
④手続きの非公開

子どもというのはまだ成長しきっていない、発達途上にある未成熟な存在なので、その子が何か悪いことをしたとしても、すべてがその子の責任ということではありません。その子にすべての責任を問う、そして罰を与えるという考えは、違うのではないかと思います。その子が未熟なために何かを起こすということは、環境の問題やまわりのおとなの問題などがあって、健全に育成するべきところが、健全な育成と少し違う道に行っているということではないでしょうか。

少年法の理念の一番目は教育主義、保護主義です。まず罰を与えるのではなくて、保護をする。保護をして、教育をする。これがいちばんいいですね。だから少年院は罰を与えるところではなく、教育をしていきます。

少年法を厳罰化して、少年であっても成人と同じように刑務所に入れたらいいと言う人がいますが、違います。刑務所に行ったら懲役をするだけで、あとはもう教育的指導はありません。少年院の目的は少年を罰することではなく更生させることです。少年院は厳しいところです。学校のような教育活動や職業指導があり、一日の流れが厳格に定められていて、一日入ったら、厳しくてすぐに音を上げます。

少年法の理念の二番目は、個別主義、科学主義です。これは、窃盗とか傷害とか、いろんな罪名、非行名で入ってくる子がたくさんいますが、非行名は同じでも、その子がどうして非行にいたったのかという理由は、みんな顔が違うように、一人ひとり違うのだということです。もっている能力、もっている資質的な傾向、それから、育っている環境、保護者の状態、学校、住んでいる地域の様子、それぞれぜんぜん違います。だから一人ひとり、きちんと個別に科学的に調べて、その子が非行にいたった本当の原因を理解、究明したうえで、少年と接しましょうということです。

成人の場合、何々をしたら何年以下の懲役または何円以下の罰金みたいに、犯罪に応じて刑罰が決められます。一人ひとり個別に見れば違いがありますが、同じ刑罰を受けるのです。でも少年の場合、処遇は一人ひとりを見て、考えることになっています。

たとえば、お弁当をひとつ盗《と》ったとします。成人なら一律に窃盗罪として扱いますが、少年なら、どうしてお弁当ひとつだけを盗ったのか、盗らなければならなかったのかという理由を調べたうえで、場合によっては更生のための教育を行う少年院で処遇することになります。

それから、少年法の理念の三番目は、関係者との連絡、連携・協力です。これは、子どもは親だけで育てるものではないという発想にもとづいています。みんなが協力し合って、学校も児童相談所も保護観察所も警察も連携して、ということです。子どもは親だけのものではなく、国の宝でもあるのだから、連絡を取り合いながらやっていこうという理念があります。

最後に四番目は手続きの非公開、つまり、プライバシーの保護です。子どもは健全に育っておとなになっていかなくてはいけないのだから、未成年のときにやったことが、将来、前科としてずっと残るのはよくないことです。だから、秘密に、手続きはいっさい非公開です。プライバシーは徹底して保護します。

なお、三番目の関係者の連絡、協力と、四番目の手続きの非公開は両立します。そして、両方必要です。関係者のあいだできちんと情報を共有して連携すると同時に、それ以外の人には情報を知らせず、少年のプライバシーをきちっと保護する。このふたつが両方とも大事だと思います。

◉少年鑑別所の役割

以上のような「少年法」の理念のもとで、私たちは仕事をしています。少年鑑別所の役割は、さきほども言いましたが、非行の原因を究明し、その子の更生の道筋みたいなことを整えるために、少年を収容して、心身の鑑別を行うわけです。

私たちは、以下の三つの視点から鑑別を行います。

①生育歴

②生活環境

③資質

生育歴は非行にいたったプロセスを考える際に重要ですし、生活環境もきちんと見なければいけません。それから資質というのは、同じ環境、たとえば家庭が虐待的な環境であったとしても、思春期に非行に行く子と行かない子がいます。それはなぜかというと、資質の違いです。一人ひとり、十人十色で資質が違うので、心理テストや行動観察、身体科、精神科の診察をして、きちんとその子の心に向き合います。

非行の背景にあるもの

◉非行のリスク要因

エビデンス（証拠）にもとづいた非行のリスク因子があります。それを列挙してみましょう。

・虐待（ネグレクト）
・親の犯罪歴、貧困、一人親家庭、養育者の交代
・学校不適応（エスケープ、不登校）、いじめの被害や孤立
・低学力、学習困難
・不就労
・平均以下のIQ（知能指数）
・発達障害（多動性障害、LD、自閉性障害）
・男子

日本ではエビデンスベースの研究があまり多くありませんが、アメリカの犯罪学では、たくさんの症例データを集めて統計をとり、リスク因子を見つけます。すると、こういうリスク因子が出てきます。

虐待とかネグレクトは非行のリスク要因です。虐待を受けた子どものほうが虐待を受けていない子よりも非行に行く可能性が高いことは、はっきり出ています。

それから、低学力、学習困難がありますが、高学歴で学力が高い子よりも学力の低い子のほうが非行に行くリスクが高いのです。ただし、絶対にそうなるわけではありません。でも比べてみると、そちらのほうが確率が高いので、リスクがあることになります。そういう考え方なのです。

だから発達障害にしても、一時期、アスペルガーが犯罪に結びつけて報道されたことがありましたが、そういうエビデンスはありません。ただ、発達障害、とくに多動の発達障害がある子は、そうでない子に比べると犯罪に行っている確率が高いので、リスク要因とされています。冷静に考えて、リスクがあることを認識したうえで育てる。絶対にそうなるわけではないのだから、いたずらに不安にならない。そういうバランスのとれた態度で育ててゆくことが望ましいといえます。

ところで、いちばん非行に行くリスクが高いファクターは、実は「男子」です。男の子で生まれた場合は、女の子で生まれた場合よりもはるかに非行に行く確率が高いのです。そう言われてみると思い当たりませんか。男子の刑務所はたくさんありますが、女子刑務所は少ないですね。テレビで見る犯罪は男の犯罪が多いでしょう。女性もたまに見ますが、ごくたまにです。

結局、どの時代も、どこの地域も、犯罪者のなかの男性と女性の比率は九対一、あるいは一〇対一です。男子と女子でこれだけの違いがある。これは明らかな客観的な事実です。医学においては、あらゆる病気について発生率の性比が研究されています。犯罪は医学的に考えて性差があります。女子に生まれたということは、それだけで犯罪から遠くなるということです。

それから二番目のハイリスクは親の犯罪歴です。「ほんとうにいい子なのに」という子が、親が反社会的で犯罪者であると、そうなることが多いのです。逆にいえば、すごく困っていても親がまっとうに生きていれば、大丈夫なことが多いということです。

ライフサイクルは、乳児期、幼児期、学童期、思春期、青年期と分けることができます。いずれの時期でも何か問題は起きますが、私たちが生育歴を調べたところ、それが幼児期や学童期に起こるにせよ、思春期、青年期に起こるにせよ、その時期に急に起こるわけではないことがわかりました。その時期に問題行動が起こる必然性というか理由は、必ずその前までの時期に見つかる気がします。これを解き明かしていくのが鑑別ということです。

◉虐待とは

虐待には、身体的虐待、心理的虐待、性的虐待、ネグレクトという種類があります。両親間の暴力を目撃するのは「面前ＤＶ」といわれていますが、これは心理的虐待に入ります。非行少年のなかには、ここにあげた虐待のいろんな組み合わせを経験している子がほんとうにたくさんいます。

私も、縁あって鑑別所に勤めるようになってまず思ったのが、このことでした。最初は、非行少年ってどんなふうなのか、何も予備知識がなく勤めはじめました。非行少年を鑑別するために、たくさん少年たちに会います。すると、会う子、会う子が、それまでの生育歴のなかで心に傷を受ける経験を多くしてきたことに気がつきました。ほんとうに、みんなです。しかも、子どもたちがいちばんゆっくりと安心してリラックスできるところであるべき家庭のなかで、傷を受けている子が多かったのです。それは鑑別所に勤めてはじめて知ったことでした。幼児期、学童期に虐待を受けることと思春期の問題行動のあいだに深い関係があることを教えられました。そうだったのかと、目からうろこが落ちるような思いがして、深く心に落ちました。私は一九九一（平成三）年から勤めていますから、だいぶ昔のことで、まだ児童虐待という言葉も聞かれない時期でした。

子どもの話を聞くと、親にこんなことされた、あんなことされた、まったくご飯も用意されなくて千円札がテーブルの上に置いてあったと、虐待やネグレクトの経験がいろいろ出てきました。でも、それはこの子たちだけだと思っていました。それが、一九九七（平成九）年ぐらいから、だんだんと世の中で児童虐待のことがいわれるようになりました。鑑別所にくる子には、虐待された経験を複数もっている子がいっぱいいました。

◉虐待の後遺症

一般的に虐待の後遺症といわれるものをあげてみます。

・発育不全、低身長、不潔、低学力
・低い自己評価
・反応性愛着障害
・解離性障害
・PTSD（心的外傷後ストレス障害）
・凍《い》てついた眼差《まなざ》し
・対人関係障害
・情緒や行動の障害、うつ、自殺

発育不全や低身長は、ネグレクトでご飯が食べられないとか、身体的虐待があると、おちおちご飯を食べていられないみたいな感じになるからです。きちんと世話をされていないと不潔にもなります。そして学力も、親の協力と安定した家庭生活があってこそ伸びるものですから、虐待を受けた子どもは低学力になりやすいのです。親が家庭生活を整えることは、学力に大きく影響します。

反応性愛着障害もあります。解離が起こる子もいます。とくに性虐待などを受けた子は、高い確率で解離を大なり小なり起こします。それはみなさんご存じのＰＴＳＤ、トラウマを受けて、それが後遺症として残るものです。

「凍てついた眼差し」というのは、どんなことが起こっても、凍りついたような目で見ることです。凍りつくというのは、温かな感情の動きがなくなっていることで、生き生きした感情の動きをすべて凍らせてしまっているのです。うれしいとか、楽しいとか、大好きとかという感情を抱くと、その後「ずどん」と落とされる。お母さんが優しくしてくれてうれしいと思っても、その後、また恐怖のなかに落とされてしまう。そういう経験をしてきた子どもは、感情が凍りついてしまうのです。ちょっと期待したあとの「ずどん」はほんとうに怖いから、何も感じなくしているのです。これも防衛です。

それから対人関係も結局むずかしくなっていきます。

また、情緒や行動の障害もいろいろと出てきますし、うつにもなります。虐待を受けた人は、高い確率でうつのような精神疾患を発症します。それから自殺です。自殺の専門家のお話でも、「虐待との関連は高いと思います」と言われたことが印象に残っています。

◉虐待のリスク要因

虐待が起こることにもリスク要因があります。まず、箇条書きで示しましょう。
・保護者側のリスク要因
育児困難、負担の大きさと疲労、育児不安の高さ、予期せぬ妊娠、親の未熟さ、家庭内不和、孤立
・子ども側のリスク要因
未熟児、障害児、乳児、育てにくい子どもなど

保護者側の虐待リスク要因には、まず、育児が困難、育児負担が大きい、疲れがたまっている、があります。元気な場合は、少々ストレスがあっても、自分が思っているような行動をとれますが、疲れてしまって、睡眠不足でぜんぜん疲れがとれていないようなときにはイライラ

して、ささいなことでも爆発しますね。それは当然あります。

それから不安の度合いが高いこと。この子はどうなるんだろう、大丈夫なのかという不安や、経済的な問題です。不安が高まっていると、行動や情緒のコントロールができなくなります。

それから予期せぬ妊娠です。無計画な妊娠とか、望まない妊娠をしている場合、虐待のリスクが高くなります。親が若くて未熟である場合もハイリスクです。

それから家庭内の不和があります。家族が仲よくなごやかな家庭だと、養育者も落ち着いて、元気でいられます。でも、家庭内に葛藤がある場合は、そうではありません。また、養育者自身が孤立していることも、リスクとしてあります。

子どもには何の罪もありません。虐待はおとながすることで、一〇〇%おとな側の責任です。けれども、子どもの側に、未熟児であるとか障害をもっているなどのリスク要因があると、虐待されやすくなります。きょうは発達障害に少しふれますが、障害があることはリスク要因です。乳児は小さくて力が弱いので、虐待をもろに受けます。

それから育てにくい子どもであること。これも発達障害とかかわりますが、育てやすい子どもと育てにくい子どもがいます。多動があるとか、視線が合わず関係がとりにくいとか、ちょっとしたことでパニックになって、わあっとなる子は、やはり育てにくいといえます。多動な子どもの子育ては、そうでない子どもに比べて五倍ぐらいしんどいと私は見ています。しかし、まわりはなかなか理解してくれません。「そんなもんだ」とか「親ならちゃんと見るのが当たり前だ」とか言われて、ストレスがたまります。だから、どうしても虐待を招いてしまいやすいといえます。このことは理解したほうがいいし、親側のしんどさをこちらも考慮していかなくてはならないと思っています。

◉虐待の発達への影響

虐待は人の発達にどのような影響を及ぼしていくでしょうか。ライフサイクルごとの発達課題にどのような影響が出るかを見ていきます。発達課題がうまくいく場合といかない場合を対にして示します。

・乳児期：基本的信頼 vs 不信
・幼児期：自律性 vs 恥、疑惑
・学童期：積極性 vs 罪悪感、生産性 vs 劣等感
・思春期・青年期：同一性 vs 同一性拡散
・成人期：親密さ vs 孤独、生殖性 vs 停滞

人は生まれてから、固有の人格をもった唯一の存在として、連続性をもって成長・発達して

いきます。しかし、だれしも共通のライフサイクルをたどって成長していくようにできていきます。そして、それぞれの時期に発達課題があります。この時期にはこれを乗り越えることが何より大切で、それをベースにして、次のライフサイクルにいくという発達課題です。

①乳幼児期：愛着形成から基本的信頼の形成へ

ここではエリク・H・エリクソンという心理学者の考えを紹介しています。乳児期には愛着形成から基本的信頼を獲得すべきだと彼は言います。

人間は乳児期には何もできない無力な存在で、養育者に絶対的に依存しています。赤ちゃんは養育者（ほとんどはお母さんですが）、母親に受け止められることで生きていけます。食べることも排泄《はいせつ》することも運動することもできず、すべてお母さんに依存しています。お母さんもそれを受け止めて世話をしますが、そうすると赤ちゃんをどんどん「かわいい」とか「いとおしい」と感じるようになります。しかも、自分の産んだ子どもならではの愛を引き出す力があるので、お母さんはいっそうその子に愛着していきます。すると、さらに依存を引き出していきます。こうして、地道な世話をする・されるという相互的な毎日のなかで、密接な二者関係ができてきます。これが愛着関係です。

私がつらくて泣いていたらお母さんが飛んでくるとか、痛かったらお母さんがなでてくれるといった毎日の経験のなかで、愛着ができます。この時期の二者関係、愛着関係をしっかりつくることが、乳幼児期には何よりも大切な課題です。

愛着関係ができると、基本的信頼が形成されるといわれています。いつもお母さんが見守ってくれている、愛してくれているという具体的な経験を積みながら、これをさらに普遍化して、「私はこの世の中に愛されている」「この世界に歓迎されて生まれてきた」という感じをもつようになります。これが基本的信頼です。基本的信頼をもって生きていくことは、赤ちゃんにとってすごくお得なことです。人生には必ず何度かきついことがあります。健康上の問題とか、激しい気候や天災もあって、逆境、困難に直面します。そのときに基本的信頼をもっている人は、勇気をもって前向きに歩める、楽天的になれます。「いまは大変だけれども、きっとなんとかなる。だって、私は世界に肯定されているんだから」というような感覚になれるわけです。

この愛着形成と基本的信頼がうまく獲得されないと、不信となってしまいます。「いつも私は否定されていた」「私なんて生まれてこなくていい人間なんだ」という感情をもっていると、ほんとうに生きていくのが大変です。また、愛着がもてないで、反応性愛着障害というむずかしい問題をもってしまいます。

②幼児期と第一次反抗期

次に幼児期です。第一次反抗期があって、二、三歳ぐらいになると、一人でご飯を食べるとか、自分で靴を脱ぐとか、何でも自分でやると言いだします。これは発達にとってすごく大事な時期です。べったりとした愛着関係から、だんだんと自律性を獲得していきます。

しかし、自分でいろんなことをやりはじめるにしても、愛着を確かめながら、やっています。その試みに対して肯定的な眼差しを向け、「うまくできたね」とか「上手だね」と肯定的な言葉をかけていけば、「自分はやればできるんだ」と感じます。自分がやっていくことの楽しさを感じると、自律性がどんどん伸びるといわれています。

ところが、「また失敗した」とか「散らかして悪い子だ」とか「そんなの、できっこないよ」といった否定的な言葉をよく受けていると、自律性ではなくて恥の感覚をもってしまいます。「私が何かすると、いつも恥をかく」と感じたり、何についても「できないのではないか」という疑惑をもつような幼児になります。

③学童期の課題

次に小学校に通う学童期です。学童期は心理学的には安定期です。学校に入って、勉強、スポーツと、目の前のいろんな課題に集中してとりくみ、達成して自信をつけることで、心身が目覚ましく発達します。

この時期にいちばん大切なのは、安定した睡眠と覚醒のリズムです。ちゃんと夜寝て、朝起きて、バランスのよい朝ご飯を食べて、学校に行っていろんな課題にとりくんでさえいれば、すごく心身が発育していきます。

このときに本人に合った課題を設定することが大事です。というのは、ここで発達障害のある子の場合、得意・不得意の差が大きかったりするからです。できないことをいつも言われるなどすると劣等感を感じやすくなるリスクがあるので、うまく本人を理解して、本人の得意・不得意に合った課題を設定します。いちばんいいのは、ちょっとがんばれば達成できる課題です。それにとりくみ、できて達成感を感じて、褒められるという成功体験をもって、自信と自己肯定感を育てていきます。そうして自分の好きなことや得意なことをやっていくような学童期を送ってほしいと思います。

④虐待の影響

そういうことが子どもの発達のなかで行われていますが、それぞれのライフサイクルの発達課題を乗り越えるときに虐待的な環境にいると、発達のプロセスが妨げられ、健康な心身の発達が遅くなって、健康な人格形成も阻害されてしまいます。そのなかで子どもに、爪かみばかりするとか、抜毛するとか、症状が表れてくる場合があります。

発達中の子どもにとって、とくに体罰のような身体的虐待、体への暴力を受けることは決定的で明確なトラウマになると思います。もちろん、言葉の暴力やネグレクトもきついのですが、暴力を受けることは決定的なトラウマになります。

身体的虐待はちょっとしたことが理由になりますから、いつそれが自分に降りかかってくるかわからない日常のなかでの生活を余儀なくされます。そうすると、いつも恐怖に怯《おび》えて、暴力を向ける人の動向を気にして、気持ちが休まりません。いつ敵が襲ってくるかわからないので、常に交感神経が優位な状態、過覚醒な状態になっています。ふつう、交感神経は昼間は活発で、いわば戦闘態勢にありますが、夜は安らかに眠りにつくように副交感神経が優位になります。このように自律神経のバランスがとれているわけですが、いつ暴力を受けるかわからないとなると、過覚醒状態になって、寝られなくなります。そうすると、意識レベルや生活リズムが混乱してきて、記憶障害が起こったり、解離になったり、現実と夢の区別がわからなくなったりします。

それから、注意の障害も起こります。身体的虐待のある環境で育つと、ひとつのことに落ち着いて集中できません。いつも何かに気をとられがちです。暴力を振るう人が帰ってきたら、パッとそちらへ気持ちが向くし、どうしても注意散漫になり、集中を持続させることが困難になります。だから、ＡＤＨＤ（注意欠如・多動性障害）の状態になります。もともとＡＤＨＤという人もいますが、いつ暴力があるかわからないなかでＡＤＨＤ的な状態を示していることもよくあります。

⑤思春期の課題

思春期には成長ホルモンの分泌が盛んになります。一〇歳から一二歳に成長ホルモンがたくさん分泌されて第二次性徴が始まるのが、思春期の始まりです。

心身の発育や発達はとてもアンバランスです。体はごっつくなったけれども精神的には幼稚だとか、性的にはすごく発育して、体つきが男性的、女性的になってきたけれども、心はまだまだ未熟で、異性の前に出たら真っ赤になって話もできないというようなことがあります。

それから、体が発達するだけでなく、この時期、頭がよくなります。中枢神経系の発達が目覚ましく、一二歳ぐらいからものの考え方や判断がおとな並みに成長して、自己主張や自分の考えが出てきます。そのくせ、まだ一人で起きないとか、甘えてばかりという子どもっぽいところと、おとなになってくるところが一緒にあって、まるきり子どもでもなく、おとなにもなっていない時期、子どもからおとなにちょっとずつ移り変わっていく時期になります。

この時期には、興味・関心の中心が自分になります。学童期には外の対象に興味を向けていましたが、思春期になると、自分をいちばん見つめるようになります。自分はどんな存在か、自分は人にどう見られているのか、どんな役割で社会に参加していったらいいのかという自分探しがこの思春期の課題です。つまり、自己同一性を確立していくのが思春期です。

思春期の心の特徴として、ひとつめにあげたいのは敏感ということです。対人刺激に敏感で、人にちょっと視線を向けられるとか、ちょっと言葉がけをされるだけでも、すごく敏感に反応します。ちょっと褒められると有頂天になり、ちょっとけなされると絶望します。この時期、外に出られない子の大多数は、非常に人の視線を気にしています。見られていないのに見られているとか、何も言われていないのに言われていると感じることがあります。

ふたつめは、極端に揺れ動くということです。ちょっと褒められると、「自分ほどいい人はいない」「自分ほどすてきなかっこいい子はいない」と思うかと思えば、ちょっとけなされただけで「自分ほど醜い人間はいない」「だめな人間はいない」と、極端から極端に揺れ動くのがこの時期の特徴です。すごく高尚な立派なこと、たとえば青年海外協力隊として働くことを考えているかと思えば、ほんとうに俗っぽいことや自己中心的なことを言ったりします。気分も、すごく元気なときもあれば、もうだめだとうつむくときもあるし、何にでも極端です。そのなかで不安がいつも高い。おとなが思っている以上にこの時期の子どもたちは不安をかかえています。そういう不安定な時期にぶつかるのが進路の問題です。どういう学校へ行くか、どういう仕事に就くかという進路を突き付けられます。

それから友達関係も不安です。思春期にいたる前でも子どもたち同士の関係はすごく大きくて、もしはじかれたらどうしようと、ほんとうに気をつかって生活しています。しかも、昔の子どもは、学校ではがんばっても家では休めていましたが、いまはＬＩＮＥなどのＳＮＳがありますから、二四時間、友達との関係に気をつかうことになります。

その結果、この時期の心の特徴のひとつとして依存的になるということがあります。ちょっとしたこともすごく敏感に感じるし、揺れ動いて不安だけれども、唯一の存在として自分を丸ごと受け入れてもらいたいという思いから、密接な二者関係を求めて非常に依存的になります。小学校のときは結構しっかりしていて何でもできていたのに、中学校になってベタベタ甘えてくる。一緒に寝ようとお布団に入ってくる。急に赤ちゃん返りをして依存的になったという話をよく聞きます。

でも一方で、さきほど言ったように、中枢神経系が発達して、思考力や判断力はついてくるので、自己主張が起きてきます。自分の考えがはっきりしてきて、非常に厳しくものを見始めます。それまでのように親や先生の言うことを「はいはい」と聞かなくなるのがこの時期です。親に依存しながら、一方で言うことを聞かずに反発する。この両方が思春期にはあります。

それで、思春期の支援は、基本的に依存と反発の両方をしっかり受け止めてあげないといけません。これが子どもへの支援になるのです。

思春期の子どもを受け止めるとは、具体的にはどういうことでしょうか。もっとも依存的な状態である乳児期と比較してみましょう。思春期は第二の乳児期といわれますが、乳児期と違って思春期は体が大きく、性的にも発達しています。異性の子どもと一緒にお風呂に入ったり抱きしめることはできません。思春期では、ちゃんと話を聞くことです。言葉にしっかりと耳を傾け、子どもが、聴いてもらえることで言葉を紡ぎ出すことが大事です。

しかし、話を聞いてあげるといっても、子どもは改まった感じで話をするわけではありません。親が「おまえ、そこに座れ。将来、何をするんだ」と聞いても、子どもが言えるわけがありません。子どもたちは自信がなく、傷つくのが嫌ですから、「この人は絶対自分を批判する」と思ったら、一言も言葉は出ません。「何を言っても否定されない。ばかにされない」と思うから、子どもは言葉が出てくるのです。言葉を出しながら、自分が何を考えているか、何に悩んでいるかがだんだん自分でわかっていきます。

だから、子どもの話の聞き手になることが親の大事な仕事です。少年院でも個別担任の先生がしっかりと話を聴いていきます。

思春期は結局、自分探しの旅をしているわけです。親はそれに付き添い、見守ることしかできない場合が多いといえます。でも、見守ることが大事です。もちろん、できることはしてあげ、相談にも乗ってあげるようにします。いろんなことを自分で考え、判断していきながら、「私は私だ」という自己同一性を獲得していきます。きのうもきょうも明日も、学校でも家でも、友達といても親といても、私は同じ私なんだ。いろいろ欠点もあるし、不得意なこともあるけれども、私はこの私でいいんだ。こういう感覚が得られるようになれば、おとなの支援はもう終わったとまでは言いませんが、おおむね安心していいと思います。

親にとっては、いつも反発されたり批判されたり、そのくせ甘えられたりして、よくわからないので大変です。しかし、その作業をしながら、子どもの精神的な自立ができてきます。それができないと、自分で自分がわからない、自分には居場所がなく、自分なんかいなくてもいいんだと思ってしまいます。これを同一性の拡散といいます。

この時期は、子どもにとってちゃんと依存できること、そしてちゃんと反発できることが大事です。依存できる相手、反発できる相手との二者関係が大事で、これが思春期の課題を乗り越えるために必要です。

でも、親側に立ってみると、親も普通の人で、最初から専門家のようにわかっているわけではないので、依存されたら面倒くさいし、反発されたら腹も立ちます。親も葛藤しながら、いろいろやっていくなかで、二者関係ができていくという感じです。それでいいんだと思います。この二者関係のつまずきが思春期の生きづらさに深くかかわっていきます。

⑥思春期に虐待があるとどうなるか

虐待があると親子の二者関係がむちゃくちゃになりますから、思春期の課題を乗り越えることの時期に、その影響はものすごく深刻な問題をはらんでいきます。

虐待があって親子間の密接な二者関係が築けていない場合、いつも否定的なメッセージを受けとりますから、自己肯定感や自己尊重感という大事なものが形成できなくなります。そして、「自分が自分でいてはいけないのではないか」「自分はここにいることが許されない存在ではないか」という罪悪感にもつながっていきます。自己同一性が獲得できず、自己の拡散状態、深刻な同一性障害状態になっていきます。

親と良好な二者関係が築けていれば、親は依存対象であるからこそ反発の対象ともなりえるのですが、虐待があると、子どもは依存対象を見失って、深刻な孤立感をもったりします。そこから自己破壊的衝動が起こりますし、感情のコントロールもできないという事態にもなりやすいと思います。対人関係も困難になって、安定した関係が築けなくなります。親との二者関係がむちゃくちゃになっていると、親以外の人との関係においても見捨てられる不安が出てきます。それで相手にしがみつきますが、しがみつくと、ますます嫌がられたりして、今度は攻撃に向かいます。執着と攻撃の両方が表れます。また、気分も不安定で、深刻なうつが現れる状態になっていくこともあります。

回復に必要なこと

◉子どもを重層的にとらえることの大切さ

ここから少し発達障害の話に入ります。まず人を重層的にとらえることが大切です。鑑別をするときも同じです。人間は、一面的なものではなく、重層的な存在です。まず、生物学的な基盤があります。人間は生物である以上、細胞の総体です。その上に機能的な問題として発達という層があります。次に心理的な問題、神経症症状が現れたりする層があります。それらの上に、すべてに影響を与える環境的な層があります。

こういった重層を上から下まできちっと理解してこそ鑑別ができますし、人を理解することができます。

◉発達障害とは

発達障害にはふたつのベクトルがあります。ひとつは発達の遅れ、もうひとつは発達の偏り・歪《ゆが》みです。

発達の遅れ

・知的障害

・境界知能

発達の偏り・歪み

・ＡＤＨＤ（多動、衝動性、注意散漫）

・ＬＤ（読み書き障害、算数障害など）

・自閉スペクトラム障害（社会性、コミュニケーションの問題、こだわりなど）

発達の遅れは知的障害といいます。それから発達の偏り・歪みは、いまでは発達障害といいます。どちらも生まれつき持った発達特性です。発達障害のなかにＡＤＨＤ、ＬＤ、そして自閉スペクトラム障害があります。知的な遅れではない発達の偏りについては、注意や対人関係、学習の問題などがいまは広く知られるようになりました。

私はここにくる前に、ある非行少年の鑑別をしてきました。そもそも鑑別所には発達の問題をもっている少年が少なくありません。まず発達の遅れ、つまり知的な問題があります。この非行少年はＩＱが80台後半です。ＩＱは一般には１００が平均ですが、非行少年の平均は

85ぐらいで、少し低いのです。軽度知的障害はＩＱが55から70で、境界知能は70から80のあいだです。非行少年の場合、ＩＱが60台、70台の人が全体の二、三割ですが、この子たちは知的障害として福祉的支援を受けているかというと、だいたい受けていません。非行少年の多くは、はっきりとした重度とか中度の知的障害ではなく、一見どうもない子たちです。ＩＱ80台後半の子は普通学級に行きますが、ちょっと落ちこぼれてしまいます。非行少年には、そういうタイプの子たちがいちばん多いのです。

発達障害に移ると、ＡＤＨＤの子は多動だし衝動的で、ひとつのことに注意を集中しておくのが苦手な落ち着きのない子たちです。非行少年には、ＡＤＨＤをもっているなと感じる子どもたちのほうが多いのです。診断となると別の話になりますが、鑑別をするなかで、落ち着きや集中力がないとか、衝動的で抑制がないといったことを鑑別結果通知書に書く子は六、七割になります。

ＬＤは学習能力の偏りです。言語性ＩＱ、動作性ＩＱというように能力を種類に分けて測る知能検査があります。言語性ＩＱは言語の力で、動作性ＩＱは器用さです。非行少年には偏りの大きい子が多く、言語性ＩＱが低くて動作性ＩＱが高い傾向があります。たとえば、目で見たことを認知して、バイクを改造できたり、ラジオをバラバラにして組み立てたりできます。ところが、言葉が上手ではなく、深い話ができません。

言語性ＩＱが高いということは、勉強ができるということです。学習するための基礎力、アカデミックスキルを身につけるにしても、言語を使いこなすことが必要です。学校の主要科目は言語で学ぶものです。だから言語性ＩＱの高い子は、学校の勉強はできます。でも、一方で動作性ＩＱが極端に低く、自転車に乗れないとか、ボールゲームが下手、不細工な走り方をするというタイプの子がいて、鑑別所にくる少年のなかでは少数派です。だいたいは単独性非行などに見られ、動作性ＩＱが高い子ときれいに分かれます。言語が高くて動作が低い子は、非行少年にはあまりなりませんが、偏差値の高い大学は出たけれど仕事ができないという相談がたくさんあります。相談の内容を見ると、どれぐらい苦労しているのかが伝わってくる気がします。

それから、年々、自閉スペクトラム障害という診断をつけることが増えてきました。一見、普通だけれど、よく調べたらこれが出てくるという子たちの割合は、京都少年鑑別所で例年、二割ほどになります。そういう子たちは、生きづらい思いをしながら育ってきて、いろいろな誤解をされて、結局、非行少年になったのだと思います。

発達の問題をもつこういう子どもたちは、誤解されやすく、虐待を受けやすいのです。親にとっては育てにくい子たちで、子育てがしんどいが、なぜそうなのかがよくわかりません。「なぜうちの子は走り回ってご飯をちゃんと食べないのか」「なぜこの子はこんなことにこだわるんだろう」「なぜ友達ができないんだろう」などと、親の育児負担が高くなります。また、「この子はこれでいいのだろうか」と育児不安も高くなります。

発達障害は軽度の場合、気づかれにくいものです。最近でこそ、保健師が知識をもっていて、乳幼児健診で二歳ぐらいからピックアップして、療育などの紹介をしますが、ちょっと前まではスルーされていました。障害があるという見方をされていなかったので、親にすれば、「なんで」「どうして」と疑問や負担が増えてしんどくなり、さきほどあげた虐待のリスク要因になります。子ども側の「育てにくい子ども」という要因が親側の「育児困難、負担の大きさと疲労、不安の高さ」という虐待のハイリスク要因を招きます。そうなると、子どもは、虐待を受けたり、不適切な養育を受けることになりやすいのです。

だからこそ早期診断がとても大切です。早期診断をして早期療育に入ると、発達が促進されたという事例がたくさんあります。また、早期診断があると、「そうだったのか」と親の心理的な葛藤や悩みが解消されるので、親も子も楽になることができると思います。

とくに親側の虐待を引き起こしやすいのはＡＤＨＤです。走り回るとか、何度言っても同じ失敗をするとか、落ち着きがないといった子は親にも教師にも叱られやすくなります。非行少年には、いつも叱られてばかりで一〇代半ばまで育ってきたという子をよく見ます。そういう子は、自己肯定感が低く、周囲に対する不信感が強くて、反抗的な態度が身についていきます。

それから低学力、低学歴になります。ＩＱはそんなに低くないのに、ＩＱに見合わないほど学力が低い子をたくさん見てきました。

発達障害があるのに診断されずに、低学力、低学歴になると、どうしても不就労、貧困、そして犯罪にいたりやすくなります。

ＡＤＨＤであることは悪いことではありません。明るくて、おもしろくて、発想が豊かでユニークで、けっこういい子が多いのです。でも思春期以降、いろんなことが二次的な障害になり、うつや双極性感情障害になったり、非行少年になったりします。それを防ぎたいのです。二次障害を出さない育て方を早い時期から心がけることが大事です。

◉正のループと負のループ

発達は、子どもの資質プラス環境です。子どもが持って生まれた資質に、子どもの生活環境が合わさり、家庭や学校、地域、社会との相互的な作用によって、その子の全体的な発達になります。鑑別をしていると、それがなんとなくわかってきます。

さきほど発達のプロセスをサイクルごとにお話ししましたが、その子だけでなく、まわりの人との関係があっての発達です。思春期でも学童期でも幼児期でもそうです。その関係のなかで、よい循環になることが大事です。

子どもと環境とのあいだには、正のループと負のループがあります。正のループとは次のようなものです。周囲が肯定的な評価をして、好意的な態度を示す。そうすることで子どもは良好な自己評価をもち、自己尊重感が育つ。周囲のおとなにも信頼を置き、自分は受容されているという感覚をもつ。そうすると、子どもはいつも前向きで、意欲的な構えをもつことができます。適切な課題を設定すれば、意欲をもって課題に向かいます。絶対に無理な課題ではなく、ちょっとがんばればできる課題を与えなければなりません。それをがんばって達成して褒められると、またよい循環になって、子どもは発達していきます。

それと逆になるのが負のループです。周囲から否定的な評価を常に受け、叱責を受け、そして体罰を受ける。そうすると自己評価は低くなり、自己像も悪くなり、周囲に対しては不信感や被害感をもつ。子どもの気分は、ちょっとずつうつになっていき、前向きになれません。「どうせ自分なんか」と思ってきます。課題があっても意欲をもって前向きにとりくめないので、結局、途中でやめてしまいます。すると、「おまえはだめだな」と言われ、自分でも「だめだ」となる。こうして失敗経験を積んでいくと、否定的な負のループがめぐってしまうことになります。この負のループは、その子どもにとっては、虐待とまでは言わないにしても、不適切な虐待的な環境となっていきます。

そのなかで、子どもにストレスもかかって不安になり、爪かみがあったり、睡眠のリズムが乱れて睡眠障害も起こります。それからちょっとした乱暴やわがままなどが出てきます。するとまた叱られて、イライラするという悪循環におちいります。

負のループから正のループへ変えることがいちばん大事です。それには、子どもを正しく知ることです。子どもが適応的でない行動や症状をみせるとき、その理由を正しく理解すると、子どもが困っていることがわかります。親は「この子には困らされる」と考えますが、いちばん困っているのは子どもです。自分は悪気がないのに、いつも親や先生から叱られたり、殴られたりするからです。

では、子どもに対する見方を改めて、子どもを正しく知るにはどうしたらいいでしょうか。そのヒントになるのが発達障害の知識です。発達障害の知識をもっていれば、「この子はじっとしていようと思っても、じっとできないんだな」「この子が変なことばかり言うのは、人の気持ちがわからないという特性があるのではないか」とわかってきます。そうすれば、子どもへの接し方が変わってきます。「この子は、何も悪気がないのに、何かあるたびに非難され、怒られ、嫌われて、なんてかわいそうなんだ」と思うようになります。

親の感情が変わってくると、子どもに対して望ましい態度や対応がとれるようになります。そして、おとなが変わると、子どもは必ず変わります。こういう例をたくさん見てきました。親も無理に変わるのではなく、理解から変わっていきます。

こんな例があります。小学三年生の女の子が万引きを繰り返すので、お母さんは、言っても聞かないから体罰しかないと、その子を殴っていました。それでも直らないので、私のところに連れてきました。その子にはＡＤＨＤの傾向があったのです。その子はお母さんのことが大好きで、がんばってお手伝いなんかをするのだけど、褒めてもらえません。そこでお母さんに説明して、「いいことをしたら、褒めてあげてください」「万引きをしても、頭からどなりつけるのではなく、今度からがんばろうねみたいに言ってください」と話しました。お母さんは合点がいったらしく、「なるほど、かわいそうなことをしました」と帰っていかれました。半年後くらいに、万引きが収まって、お母さんも変わったという報告を受けました。

子どもがどう感じていたかがわかると、お母さんは子どもがいじらしく思え、かわいくなります。子どもに発達障害があったことがわかって、何をやってもうまくいかないのは自分のせいではないことがわかり、少しずつ自信を取り戻していきます。子どもの特性に合った対応の仕方やしつけの方法があります。正しく理にかなった対応をしていると、子どもの症状や問題行動は改善していきます。よい行動をして、褒められることで、子どもは必ず変わります。子どものことを理解していくことで、体罰に頼らずに問題行動を改善していくことができると思っています。

参考文献

Andrews, D. A. and Bonta, J. 2010, *The psychology of criminal conduct* (5th ed.), New Province,NJ

アニタ・タパーほか編著 2018『ラター児童青年精神医学〔第六版〕』長尾圭造ほか訳、明石書店

エリクソン、エリク 2011『アイデンティティとライフサイクル』西平直・中島由恵訳、誠信書房

交野女子学院 2022『令和3年収容統計』

京都少年鑑別所 2018『平成29年鑑別統計』

定本ゆきこ 2005「発達障害と児童虐待――非行臨床の場から見えるもの」日本子ども虐待防止学会『子どもの虐待とネグレクト』7巻3号、pp.313-318

―― 2006「子どもの発達過程における2つのループ――二次障害予防に向けて」日本子ども虐待防止学会『子どもの虐待とネグレクト』8巻3号、pp.326-333

―― 2009「発達障害の子どもの育ちと家族支援」全国障害者問題研究会『障害者問題研究』37巻1号、pp.2-11

法務省法務総合研究所編 2022『令和4年版犯罪白書』
https://www.moj.go.jp/content/001387336.pdf（閲覧日二〇二四年五月二四日）

おわりに

一九四七年三月に制定された学校教育法第一一条は、「校長及び教員は、教育上必要があると認めるときは、……児童、生徒及び学生に懲戒を加えることができる。ただし、体罰を加えることはできない」として、学校における体罰を禁止しています。他方、民法では、「第八二二条　親権を行う者は、……監護及び教育に必要な範囲内でその子を懲戒することができる」とあって、長年、親権者による懲戒という名目での体罰の禁止は明示されてこなかったのです。しかし、二〇二二年一二月に改正された民法のなかで、八二二条の、親権者による懲戒権の規定が削除されるとともに、八二一条では、「親権を行う者は、監護及び教育をするに当たっては、子の人格を尊重するとともに、その年齢及び発達の程度に配慮しなければならず、かつ、体罰その他の子の心身の健全な発達に有害な影響を及ぼす言動をしてはならない」と明記されました。ようやく、親権者による体罰が禁止されることになったのです。遅すぎたにせよ、画期的なことです。

スポーツ界でも指導者による体罰が社会的に非難されるようになるとともに、「監督が怒ってはいけない大会」が開催されるなど、体罰に頼らないスポーツ指導の動きが見られるようになりました。

それでは、教師や保護者は、指導に従わなかったり、危険な行動をとったりする子どもたちについて、体罰を行使しないで、どのような方法で適切に指導や保護をすればよいのでしょうか？　おそらく、多くの教師や保護者が、日々、悩んでいるところでしょう。

たしかに、体罰禁止の法律ができて、「体罰はよくない」という意識は徐々に広まってきました。しかし、いまだ、体罰を使わない指導やしつけの方法が広まっているとはいえません。子どもの人権を尊重しながら、体罰を使わないで、子どもを指導したり、しつけたりする具体的な方法の普及が急がれます。本書が、多少の役割を果たすことができるとすれば、うれしいかぎりです。

同時に、こども家庭庁やスポーツ庁、さらに各種競技団体には、ぜひ、子どもたちが指導者や保護者から被っている体罰被害の実態調査を実施していただきたいし、あわせて、指導者および保護者を対象に、体罰を使わない指導や育児を行うことの悩みや困りごとに関する調査を実施していただきたいです。子どもの生活実態を把握することは、子どもの人権を尊重する環境整備の第一歩だからです。

体罰問題をとおして、子どもの人権を尊重する機運がよりいっそう高まることを願っています。

最後に、本書の出版をお引き受けくださった解放出版社、そして、本書が少しでも読みやすくなるように編集の工夫をしてくださった編集担当の小橋一司さんに感謝申し上げます。

編者一同

田村公江（たむら・きみえ）　第５章
龍谷大学名誉教授（講演当時は龍谷大学社会学部教授）
精神分析学、フェミニズムの研究を経て、弱者の自己決定の問題について考えてきた。
〔論文〕「性の商品化――性の自己決定権とは」（飯田隆ほか編集『岩波講座　哲学12　性／愛の哲学』岩波書店、2009）、「子どもに権利意識をもたせよう――『若いアスリートのための権利の章典』のススメ」（神谷拓監修『部活動学――子どもが主体のよりよいクラブをつくる24の視点』ベースボール・マガジン社、2020）

神原文子（かんばら・ふみこ）　第６章
社会学者（博士：社会科学）（講演当時は大学教員）
京都大学大学院文学研究科社会学専攻博士後期課程満期退学。専門は、家族社会学、教育社会学、人権問題。長年、生活者の視点から差別、暴力、人権課題に取り組む。主な近著に、『子づれシングルの社会学――貧困・被差別・生きづらさ』（晃洋書房、2020）、『部落差別解消への展望――人権意識調査結果から人権啓発の課題がみえた』（解放出版社、2023）、『ひとり親のエンパワメントを支援する――日韓の現状と課題』（共編著、白澤社、2023）など。

九門りり子（くもん・りりこ）　第７章
ポラリス（交野市子ども家庭サポーターの会）代表

定本ゆきこ（さだもと・ゆきこ）　第８章
京都少年鑑別所医務課長
精神科医ながら、長年非行少年の鑑別をメインの仕事とし、虐待、発達障害、DV、性被害、薬物依存などを専門領域に臨床と研究を続けている。『非行少年の被害に向き合おう！――被害者としての非行少年』（共著、現代人文社、2023）、『少年法適用年齢引下げ・総批判』（共著、現代人文社、2020）、「性加害少年の特徴と背景について――少年鑑別所に措置された性加害少年と一般非行少年との比較による検討」『日本児童青年精神医学会誌』64巻第２号（2023）など。

執筆者紹介

内海千春（うつみ・ちはる）　第１章
「全国学校事故・事件を語る会」代表世話人

重富秀由（しげとみ・ひでよし）　第２章
体罰をみんなで考えるネットワーク世話人
部活などでの事故防止に関する講師を務める。市立中学校バドミントン熱中症後遺障害事件の原告代理人親権者（父親）として、自ら事故調査や検証を行い、大阪地方裁判所で学校事故として認められた。「運動部活動における熱中症から確実に子どもを守るには――W中学校でのインタビューから考える」（田村公江と共著）『龍谷大学社会学部紀要』（第57号、2000、pp.15-32）ほか。

島沢優子（しまざわ・ゆうこ）　第３章
ジャーナリスト、日本スポーツハラスメントZERO協会アドバイザー
筑波大出身。『オシムの遺産――彼らに授けたもうひとつの言葉』（竹書房 2023）は2024サッカー本大賞特別賞。卓球の早田ひならをスポーツ心理学の側面から描いた『世界を獲るノート――アスリートのインテリジェンス』（カンゼン 2019）など著書多数。沖縄県部活動改革推進委員。

中村哲也（なかむら・てつや）　第４章
高知大学准教授
1978年大阪府生まれ。京都府立大学卒業、一橋大学大学院博士後期課程修了、博士（社会学）。早稲田大学助手を経て、現職。専門は日本スポーツ史。著書に『学生野球憲章とはなにか――自治から見る日本野球史』（青弓社、2010）、『体罰と日本野球――歴史からの検証』（岩波書店、2023）など。

みんなで考えよう！ 体罰のこと

2024年９月１日　初版第１刷発行
編者　神原文子・田村公江・中村哲也
発行　株式会社 解放出版社
大阪市港区波除4-1-37 ＨＲＣビル３階 〒552-0001
電話 06-6581-8542　FAX 06-6581-8552
東京事務所
東京都文京区本郷1-28-36　鳳明ビル102Ａ 〒113-0033
電話 03-5213-4771　FAX 03-5213-4777
郵便振替 00900-4-75417　HP https://www.kaihou-s.com/
印刷　モリモト印刷株式会社

ISBN978-4-7592-2044-5　NDC375　280P　19cm

障害などの理由で印刷媒体による本書のご利用が困難な方へ

本書の内容を、点訳データ、音読データ、拡大写本データなどに複製することを認めます。ただし、営利を目的とする場合はこのかぎりではありません。

また、本書をご購入いただいた方のうち、障害などのために本書を読めない方に、テキストデータを提供いたします。

ご希望の方は、下記のテキストデータ引換券（コピー不可）を同封し、住所、氏名、メールアドレス、電話番号をご記入のうえ、下記までお申し込みください。メールの添付ファイルでテキストデータを送ります。

なお、データはテキストのみで、写真などは含まれません。

第三者への貸与、配信、ネット上での公開などは著作権法で禁止されていますのでご留意をお願いいたします。

あて先
〒552-0001 大阪市港区波除4-1-37 HRCビル3F 解放出版社
『みんなで考えよう！ 体罰のこと』テキストデータ係

テキストデータ引換券
『体罰のこと』
2044